図解でわかる
経済の基本
いちばん最初に読む本

遠山眞人 監修

アニモ出版

はじめに

　わたしたちが日々、テレビや新聞、ネット上のニュースサイトなどで「経済」のニュースに接したときに、「これって、何のことだろう？」とわからないことがあります。
　あるいは、経済のニュースが大きくとり上げられているときに、「私たちに何の関係があるんだろう？」と、疑問に感じたとしても不思議ではありません。
　「そんなことは、わからなくてもいい」という人もいらっしゃるでしょうが、経済のニュースを理解するために知識を持っておくことは、これから就職をめざす人、すでにビジネスパーソンである人、あるいは起業をめざす人には不可欠です。また、たとえ専業主婦になったとしても、自動車ローンや住宅ローンなど、家計を見るうえでも経済の知識は欠かせません。

　本文でも説明していますが、経済の動きやしくみは深く、わたしたちの生活や仕事に、密接に関係しているのです。
　でも、ひと口に経済といっても範囲が広く、そのしくみのなかにはなかなか理解しにくいものもあります。
　そこでこの本では、経済のしくみの最も基本的なところをとり上げ、図解を使ってわかりやすく説明しています。

　この本は、とくに次のような人に、ぜひ読んでいただきたいと思います。

- 社会人の基本として、経済のしくみの基本をザッと知っておきたい人
- 経済のニュースに接したときに、それが何のことか、私たちの生活や仕事にどう関係してくるのかを知りたい人

- 金融機関などに勤務していたり、就職をめざしていて、経済に関する知識を得たい人
- 大学などで経済について学んでいる人

　以上のような人たちが、経済の基本を理解するために、最初に読む本として本書は最適であると確信しています。

　経済のしくみは広大で複雑なものですが、知っておきたい基本はそう多くはありません。
　この本で経済の基本を理解したうえで、それがみなさんの仕事や生活に役に立つことを願ってやみません。

　2018年9月

　　　　　　　　　　　　　財団法人金融協会認定
　　　　　　　　　　　　　ターンアラウンドマネージャー
　　　　　　　　　　　　　行政書士　　　　遠山 眞人

本書の内容は、2018年9月末日現在の情報等にもとづいています。

図解でわかる経済の基本 いちばん最初に読む本
もくじ

はじめに

1章 「経済」って要するに何だろう？

01 どうして"エコノミー"が「経世済民」になったの？ —— 12
02 経済の話で「GDP」がよく出てくるのはなぜ？ —— 14
03 「景気」のよし悪しで経済はどうなるの？ —— 16
04 自由な「貿易」が重要といわれるのはどうして？ —— 18
05 「為替」の相場はどのように決まっているの？ —— 20
06 「物価」の安定を日銀が目標にするワケは？ —— 22
07 「金利」はどうして"経済の体温計"なの？ —— 24
08 実物の経済とは別に「金融」の経済がある？ —— 26
09 「市場経済」ってどういう経済なのだろう？ —— 28

10	政府の「財政政策」、日銀の「金融政策」って何？	30
11	経済を動かす「経済主体」って何と何？	32

知っとコラム❶ 「貨幣」と「通貨」　34

2章 「GDP」って何をあらわしている？

12	「GDP」で日本の何がわかるの？	36
13	日本のGDPはこうして計算しています	38
14	「付加価値」の総額がGDP、というけれど…	40
15	「経済成長率」はどうやって計算しているの？	42
16	「三面等価の原則」を知っておきましょう	44
17	「少子高齢化」で日本のGDPはどうなる？	46
18	GDPが増えると「景気」がよくなるの？	48
19	日本の景気がよい・悪いはどこが決めている？	50
20	景気を数字であらわす「景気動向指数」って何？	52
21	景気動向指数はこんな指標から算出しています	54
22	株価が上がると景気がよくなるってホント？	56
23	ニュースになる「短観」「GDP速報」とは？	58
24	どうして景気には山とか谷とか、波があるの？	60

25	「バブル景気」っていったい何だったの？	62
26	バブル崩壊で日本が経験した「失われた20年」	64
知っとコラム❷	「プラザ合意」とバブル　66	

3章 「貿易」と「為替」が世界経済を動かす

27	「貿易赤字」はどうして国際的な問題になるの？	68
28	国と国の間でやりとりされるのは「貿易」だけ？	70
29	国と国のやりとりの全部が「国際収支」です	72
30	貿易などのルールは誰がどこで決めているの？	74
31	「FTA」と「EPA」はどこがどう違う？	76
32	貿易が引き起こす「南北問題」「産業の空洞化」とは？	78
33	日本の貿易に影響する「円高」「円安」って何？	80
34	日本の円は昔、１ドル360円だった!?	82
35	ニュースで流れる為替相場がドルとユーロであるワケ	84
36	困った国に対してお金を貸すIMF「国際通貨基金」	86
知っとコラム❸	「経済のグローバル化」と「関税」　88	

CONTENTS

4章 「物価」はどうやって決まるの？

- 37 「インフレ」って本当はどういうこと？ ―― 90
- 38 景気が悪いと「デフレ」になるのはどうして？ ―― 92
- 39 デフレで逆に消費を増やす「資産効果」とは？ ―― 94
- 40 景気が悪くても物価が上がる「スタグフレーション」 ―― 96
- 41 「インフレ・ターゲット」ってどうしても必要なの？ ―― 98
- 42 物価の高い・安いはどこで見ているの？ ―― 100

知っとコラム❹ インフレ、デフレ、「リフレ」 102

5章 「金融経済」ってどんな経済？

- 43 「直接金融」と「間接金融」はどこが違うの？ ―― 104
- 44 もともとの金融から派生した「デリバティブ」 ―― 106
- 45 デリバティブを駆使する「ヘッジファンド」とは ―― 108
- 46 金融危機＝「リーマン・ショック」って何だったの？ ―― 110
- 47 「フィンテック」は金融をどう変えるの？ ―― 112

48	「仮想通貨」の登場は金融にどう影響するの？	114
49	実は財務相・中央銀行総裁会議が中心の「G20」	116
50	なぜ中国は「AIIB」をつくったの？	118

知っとコラム❺ 「時価総額」「カラ売り」「機関投資家」 120

6章 「金融政策」「財政政策」って何？

51	むかし「金本位制」、いま「管理通貨制度」	122
52	お札を刷るだけではない日銀の役割って何？	124
53	日銀が毎月発表する「マネーストック」とは？	126
54	日銀がコントロールできる「マネタリーベース」	128
55	何倍ものマネーを生み出す「信用創造」のしくみ	130
56	日本のすべての銀行は日銀に預金口座を持っています	132
57	日銀は「政策金利」として何を操作してきたの？	134
58	どうやったら市場の金利が操作できるの？	136
59	金融政策の重要な手段はいまや「公開市場操作」です	138
60	「量的・質的金融緩和」とはどういうもの？	140
61	世界の「中央銀行」はどんなことをしているの？	142
62	「政府」の財政政策はどんな役割を持っているの？	144

| 63 | 「公共投資」を増やすと景気がよくなるワケ | 146 |
| 64 | 「プライマリー・バランス」はどう見るの？ | 148 |

知っとコラム❻ 「アジア通貨危機」 150

7章 仕事と暮らしに役立つ「経済学」

65	アダム・スミスの「神の見えざる手」とは？	152
66	「ミクロ経済学」と「マクロ経済学」があります	154
67	近代経済学の扉を開いた「限界革命」って何？	156
68	経済学の発想を逆転させた「有効需要の原理」	158
69	「ケインズ政策」ってどういう政策なの？	160
70	「小さな政府」「大きな政府」って何のこと？	162
71	「外部不経済」「外部経済」を知っておきましょう	164
72	何で経済学に「ゲーム理論」があるの？	166
73	ゲーム理論で有名な「囚人のジレンマ」って何？	168

知っとコラム❼ 「レッセ・フェール！」と「夜警国家」 170

さくいん 171

執筆協力◎和田秀実
カバーデザイン◎水野敬一
本文DTP&図版&イラスト◎伊藤加寿美(一企画)

1章

「経済」って要するに何だろう？

01 どうして"エコノミー"が「経世済民」になったの？

▶ 世を経（おさ）め民を済（すく）う「経済」

　私たちは、コストが安く済むことを「経済的」といったりします。たとえば、「お昼は外食より弁当持参のほうが経済的」という具合ですね。

　この例が示すように経済の話にはたいてい、モノやサービスとお金がからんでいます。それなのになぜ、「経」「済」などという漢字を使うのでしょう？

　「経済」は、幕末期の日本で英語のエコノミー（economy）の訳として生まれた用語です。中国の古典にある「経世済民」を略したものだとか。では、「世を経（おさ）め、民を済（すく）う」ことが、なぜ"エコノミー"なのでしょうか。

▶ 世の中がうまく回るように、人々がラクに暮らせるように

　英語のエコノミーの語源は、古代ギリシャの「オイコノミア」です。これは家庭の秩序、そのための管理といった意味ですが、拡大解釈されて社会の秩序、そのための決まりやしくみの意味になりました。

　エコノミーを経済と訳した人はそのことを知って、経（世）済（民）の語をあてたのでしょう。

　つまり、経済とはもともと、世の中がうまく回るように、人々がラクに暮らせるように、考えられ積み重ねられてきた決まりやしくみのことなのです。

　たとえば、経済の基本中の基本、お金（貨幣）のことを考えてみてください。お金というものは、人々がいちいち物々交換しなくて

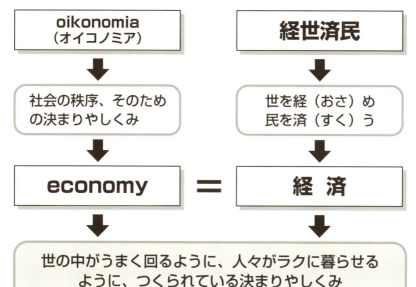

いいように、財産を簡単に貯めておけるように、モノの価値が誰にもわかりやすいように、つくられているしくみのひとつです（☞34ページ）。

お金というものがなかったら、世の中は今よりもずっと不便で、人々はいろいろな苦労をして暮らさなければならなかったでしょう。

これからおいおいと説明していく「為替」「貿易」「金融」といった分野も同じです。それぞれ、世の中がうまく回るように、人々がラクに暮らせるように、つくられているしくみなのです。

だから、どれも「経済」の分野になっています。

02
経済の話で「GDP」がよく出てくるのはなぜ？

▶ GDPで国の経済の規模がわかる

　経済に関する話で最もよく出てくる用語のひとつは「GDP」でしょう。日本のGDPが〇％増えたとか減ったとか、いまは中国のほうが大きいとか、EU全体で見ればアメリカと肩を並べるとか…。

　GDPは、日本語で「**国内総生産**」。ザックリいうと、1つの国が国内で一定期間に生産したモノやサービスの金額のことです（☞36ページ）。これが何をあらわすかというと、**その国の経済の大きさ、規模をあらわす**のです。

　ですから、ある国と別の国のGDPを比べると、どちらの経済の規模がどれだけ大きいか小さいか、がわかります。現在のところ、GDP世界第1位はアメリカ、第2位は中国、3位が日本です。

▶ 国民の豊かさも成長率も景気のよし悪しもわかる

　もっとも、人口が多いほどその国のGDPは大きくなりやすくなります。そこで、国民1人ひとりの経済的な豊かさを見るのが、GDPを人口で割った「**1人当たりGDP**」です。

　この1人当たりGDPで見ると、ルクセンブルク、スイス、マカオ、ノルウェー、アイルランドといった国々が上位に並びます。アメリカはベスト10に入りますが、日本は20位台くらいです。

　また、GDPは経済の規模ですから、同じ国の去年と今年を比べると経済が大きくなった度合い＝「**経済成長率**」（☞42ページ）を計算することができます。

　さらに、GDPから景気のよし悪しを判断することも可能です。GDPが大きくなっている→経済活動が活発→景気がよい、反対に

GDPはいろいろ使えるから経済の話によく出てくる

その国の経済の規模はどれくらい？

GDP速報 **GDP**

景気はよくなっているだろうか？

GDP

国民の経済的な豊かさはどうかな？

経済成長率 **1人当たりGDP**

経済の規模は大きくなっている？

Point

物価変動の影響を除いたものが「実質GDP」。
除いていないものは「名目GDP」です

小さくなっていれば、景気が悪いと判断できるのです。そのため、四半期別の「**GDP速報**」も発表されています（☞58ページ）。

このように、GDPからはさまざまなことがわかるので、経済の話になるとあちこちにGDPが登場することになります。

ただし、GDPは金額であらわすものですから、たとえ経済が成長していなくても、物価（☞22ページ）が上がるだけで大きくなります。

そこで、物価の影響を除いて計算したGDPが「**実質GDP**」です。影響を除いていないものは「**名目GDP**」といいます。

03
「景気」のよし悪しで経済はどうなるの？

🔸 景気は経済全般の調子をあらわすことば

　もうひとつ、日常の会話でもよく出てくる経済の用語が「**景気**」です。「景気がよい」「景気が悪い」「好景気」「不景気」などといいますね。「好況」「不況」も同じ意味です。

　景気という用語は、経済全般の調子のよし悪しをあらわします。前項で、GDPが大きくなっていると景気がよいことを示すといいましたが、GDPの増減は景気のよし悪しを示す指標のひとつに過ぎません。

　内閣府が毎月発表している景気動向指数（☞52ページ）では、なんと29もの指標から指数を計算し、経済全般の調子をあらわしているくらいです。

🔸 景気がよいと物価や金利が上昇するが…

　景気のよし悪しは、なぜ日常の話題になったり、ニュースで報道されたりするのでしょうか。それは、**景気が直接、個人の生活や企業の活動に影響する**からです。

　たとえば、景気がよいと経済活動が活発になり、企業の生産や個人の消費が増えます。それにともない物価や金利、株価なども上昇するのが普通です。

　反対に景気が悪いと、経済活動が停滞し、企業の生産や個人の消費が減少してしまいます。物価、金利、株価などは下降し、賃金も低い水準にとどまる一方で、失業率は高くなるのです。

　このように、企業の活動や個人の生活に大きく影響するので、景気の動向は注目されています。

通常は景気のよし悪しで経済はこうなる、が…

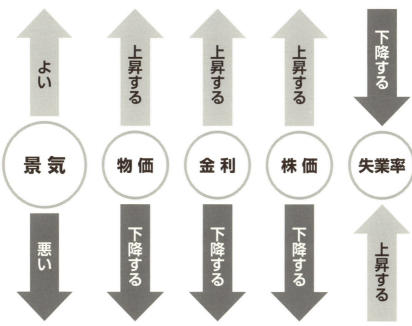

Point

「実感なき景気回復」では個人の消費が増えず、物価や金利が上昇しないことがあります

➡「実感なき景気回復」ではそうならないことも

　もっとも、実際の景気と経済の関係は、必ず以上のようになるとは限りません。不況から好況への回復が緩やかすぎると、いわゆる「実感なき景気回復」になってしまい、個人の消費が増えないこともあります。

　そうなると、指標の数字上は景気がよくなっていても、物価も金利も上がらないことになるのです。

04 自由な「貿易」が重要といわれるのはどうして？

➡ 貿易にも「自由貿易」と「保護貿易」がある

　昔から各国の経済は、貿易によってつながっていました。しかし、貿易に対する各国政府の姿勢は同じではありません。
　できるだけ制限をなくして自由にしようというのが「**自由貿易**」主義です。これに対して、自国の産業保護のために関税（☞88ページ）などをかけて制限するのを「**保護貿易**」主義と呼びます。

➡ 自由貿易の根拠「比較優位の原理」とは？

　自由貿易を推進する立場には、根拠があります。それは「**比較優位の原理**」と呼ばれるものです。
　右の図を見てください。もともとA国とB国は、200人の労働力で①のように、大豆と自動車を生産していたとします（大豆、自動車の単位は「生産量」という仮定のものです）。
　これだけ見ると、A国のほうが格段に効率がよく、輸出はともかく、輸入など絶対に必要ないと思えますね。この状態のことを「**絶対優位**」といいます。
　でも、両国が自国の得意分野、すなわち「比較優位」の産業に、重点的に労働力を配分することにしたらどうでしょう？　両国の生産量の合計は②のように、労働力の配分を変えただけで増えます。つまり、同じ労働力でも世界の経済が拡大するのです。
　それでは、両国で足りなくなった分を、お互いに輸出入してみましょう。③のようにA国は、貿易をする前と同じ大豆2,000を確保でき、自動車は1,000から1,100に増えています。B国も大豆を1,700に増やしたうえで、前と同じ自動車500があります。

貿易は「比較優位の原理」でお互いがトクをする

貿易しない

❶
	A国	B国	合計
大豆	100人 → 2,000	100人 → 1,500	3,500
自動車	100人 → 1,000	100人 → 500	1,500

貿易する

❷
大豆	50人 → 1,000	180人 → 2,700	**3,700**
自動車	150人 → 1,500	20人 → 100	**1,600**

❸
大豆	輸入 1,000 計 2,000 ←	輸出 1,000 計 **1,700**	3,700
自動車	輸出 400 計 **1,100** →	輸入 400 計 500	1,600

Point

各国が「比較優位」の産業に重点的に資源配分すると世界経済が拡大し、各国の生産量が増えます

　つまり、貿易をすることによって世界経済が拡大するうえに、両国ともトクをしているのです。

　これが「比較優位の原理」で、各国が自国の得意分野に重点的に資源を配分して生産を行なうという「国際分業」（☞78ページ）の根拠にもなっています。

　ちなみに、この原理は特別目新しいものではなく、提唱したのは17〜18世紀イギリスの経済学者デビッド・リカードです。昔から自由貿易主義と保護貿易主義の対立はあったんですね。

05 「為替」の相場はどのように決まっているの？

▶ 経済の話で「カワセ」って何のこと？

「**為替**」（かわせ）とは、現金を動かさずにお金を送る方法の総称です。経済にとって欠かせないもので、現在でも国内の銀行同士が、現金を動かさずにお金をやりとりする為替（**内国為替**）のしくみがあります。

また身近なところでは、郵便局の窓口で送金額と手数料を支払って「**為替証書**」をつくってもらうこともできます。その為替証書を相手に送ると、相手は為替証書と引換えに、郵便局で現金を受け取れるわけですね。

しかし、経済の話で為替といったときは「**外国為替**」のことです。

▶「外国為替」「外国為替相場」「外国為替市場」とは

外国為替はもともと、貿易などの代金決済のためにつくられたしくみです。たとえば、輸入した商品の代金をドルで支払わなければならないという場合、円をドルに替える必要があります。そのための交換のしくみが外国為替なのです。

このとき、何円を1ドルに換えるか、交換比率を取り決めなければなりません。これが「**外国為替相場**」です（☞80ページ）。

ほとんどの国の外国為替相場は変動します。なぜかというと、ほとんどの国が「**変動相場制**」を採用しているからです。第2次大戦後しばらくは、世界中が「**固定相場制**」を採っていたのですが、1970年代から次第に変動相場制に移行しました（☞82ページ）。

いまでは、固定相場制を採る国はサウジアラビアなどごく少数です。

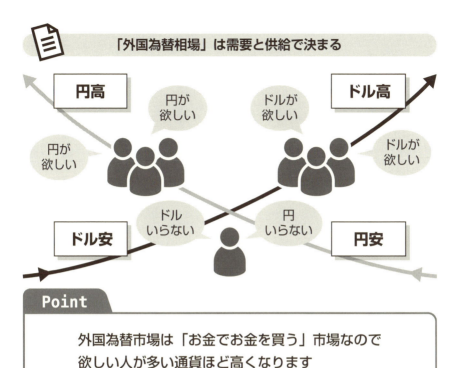

Point

外国為替市場は「お金でお金を買う」市場なので
欲しい人が多い通貨ほど高くなります

　では、変動相場制の外国為替相場は、どのように決まるのでしょうか？　答は簡単、普通のモノやサービスと同じ、需要と供給の関係で決まるのです。つまり、ドルに替えたい人が多ければドルが高くなり、少なければ安くなります。

　というより、円でドルを買う、お金でお金を買うと考えたほうがわかりやすいでしょう。モノの売り買いと同じですから、ドルを欲しい人が多ければ多いほど、ドルが高くなるというわけです。

　このように、各国のお金を売買する市場が「**外国為替市場**」です。近年の外国為替市場の取引高は、1日5兆ドル程度にものぼります。

　これは、外国為替市場での取引が、貿易代金などの決済だけでなく、為替変動リスク回避のためのスワップ取引（☞107ページ）や、ＦＸなど値上がり益＝キャピタル・ゲイン（☞62ページ）を狙った取引が大きな割合を占めているからです。

06 「物価」の安定を日銀が目標にするワケは？

▶ 日銀の最も重要な目標は「物価の安定」

　日本の経済を金融政策の面からコントロールする日銀は、別名を「**物価の番人**」といいます。そして、金融政策（☞30ページ）の最も重要な目標は「**物価の安定**」だとしているのです。

　たしかに、物価が高いと生活をするうえで少し困りますね。でもそれだけで、物価の安定が重要な目標になっているのでしょうか？

　私たちは、物価が高い・安い、物価が上がる・下がるといいますが、実は物の価値というのは変わりません。食パン1斤は、90円でも110円でも食パン1斤で、同じだけお腹を満たします。

　変わっているのは、お金の価値のほうなのです。食パンが110円に値上がりしたということは、100円で買えた物が、110円出さないと買えないということ、つまりお金の価値が下がったということです。値下がりなら、お金の価値が上がったことになります。

　お金の価値が急激に上がったり下がったりしたのでは、個人の生活だけでなく、経済活動全体が大きな影響を受けてしまいます。企業も個人も、安心してお金を使うことも、貯めることもできなくなってしまうでしょう。

　そうならないように、日銀は物価の安定を最も重要な目標としているのです。

▶ 上昇率0パーセントは「物価の安定」ではない？

　もっとも、物価がまったく動かない状態、すなわち物価上昇率0パーセントというのも少し困ります。というのも、景気がよいときには物価が上がるからです（☞16ページ）。物価上昇率0パーセン

物の価値ではなくお金の価値が変わっている

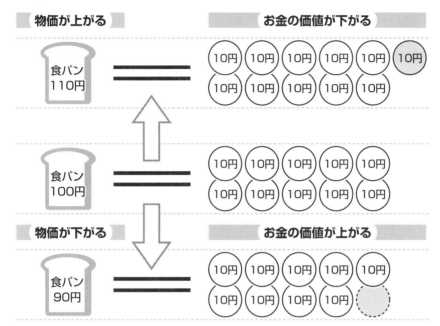

> **Point**
>
> お金の価値が急激に変わると経済全体が影響を受けるので日銀は「物価の安定」を重要な目標にしています

トでは、少なくとも景気がよくないといえます。

　つまり、あまり急激でなく、緩やかに物価が上がる状態が日銀のめざす物価の安定なのです。

　日銀だけでなく、物価の上昇率を目標に掲げる各国の中央銀行（☞142ページ）は、だいたい1～2パーセントの物価上昇を目標にしています。

　ちなみに、物価上昇率にもいくつかありますが、日銀が物価安定の目標としているのは消費者物価です（☞100ページ）。

07 「金利」はどうして"経済の体温計"なの？

▶ 景気がよいと金利が上がる、悪いと下がる

「金利」とは、貸し借りしたお金に付く利子、利息の率のことですが、経済の話で金利といったときは、全体的な金利の水準のことです。

この金利（長期金利☞後述）の水準は、"経済の体温計"と呼ばれています。長期金利の水準は金融市場の将来予測で決まるとされ、いわば景気（☞16ページ）の将来予測といえるからです。

金利の水準は、なぜ景気の動向を示すのでしょうか？

一般的には、金利の水準はお金を借りたい人の需要と、お金を貸したい人の供給で決まります。ですから、景気がよいときには経済活動が活発になり、借りたい人の需要が増えて金利が上がります。逆に悪いと、需要が減って金利が下がるわけですね。

しかも金利の水準は、景気がよいときは悪くなるように、悪いときにはよくなるように、景気の変動を抑える方向に上下します。

つまり、景気がよくて金利が上がると、高い金利で借りる人が減って経済活動が停滞し、景気は後退します。すると、景気が悪くなって金利が下がり、低い金利で借りる人が増えて経済活動が活発になり、景気が回復する、というわけです。

ただし、インフレやデフレのときには、このとおりにならないことがあります。

▶ 「長期金利」と「短期金利」はどう違う？

このような"経済の体温計"と呼ばれてきたのは、「**長期金利**」です。簡単にいうと、期間が1年以上の貸し借りをするときの金利

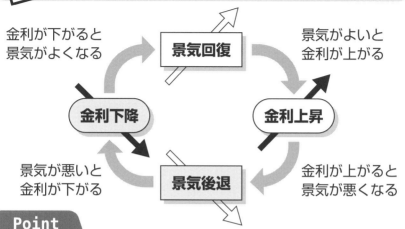

金利の水準は景気に応じて上下する

- 金利が下がると景気がよくなる
- 景気がよいと金利が上がる
- 金利が上がると景気が悪くなる
- 景気が悪いと金利が下がる

景気回復 → 金利上昇 → 景気後退 → 金利下降

Point

これが通常の金利と景気の関係です。
ただし、長期金利が操作されるとこうならないことも

で、「新発10年国債利回り」が代表的な長期金利の指標とされています（☞137ページ）。

一方、1年未満のものは「**短期金利**」といい、代表的な指標は「**無担保コールレート・オーバーナイト物**」です（☞136ページ）。

短期金利が経済の体温計とされないのは、市場の予測ではなく、中央銀行の金融政策で決まる部分が大きいからです。中央銀行の多くは、短期金利の一部を金融政策の操作目標にしています。

と、ここまでが経済と金利の関係の一般論ですが、一般論が通用しないケースもないわけではありません。

たとえば日銀は、2013年に「量的・質的金融緩和」を導入し、長期国債の買入れを開始しました。国債の買入れによって直接、長期金利に影響を与えるという金融政策です。

このように、長期金利が中央銀行に操作されている場合には、"経済の体温計"としての機能は働かないといえるでしょう。

08
実物の経済とは別に「金融」の経済がある？

▶「金融」ってそもそも何のこと？

「金融」とは"お金を融通する"、すなわちお金が足りないところに、余裕のあるところからお金を回すしくみのことです。貿易などと同様、経済の重要な分野で、実は外国為替（☞20ページ）も「**国際金融**」という金融のひとつです。

金融は「**経済の血液**」といわれます。経済という身体の隅々まで、お金という栄養を回すイメージですね。

具体的には、銀行に預金したり、株式などの金融商品を売買する経済活動のことですが、これらには大きな特徴があります。それは、私たちが普通にイメージする経済と違って、具体的なモノやサービスを必要とせず、お金だけが動くということです。

たとえば、銀行に普通預金をしたとすると、一定の時期に利息が払い込まれ、それで私たちと銀行の取引は完結します。お互いに、具体的なモノやサービスは何も提供しません。

このような経済を「**金融経済**」とか「**マネー経済**」といいます。

金融経済に対して、普通の経済は基本的に、お金とモノやサービスを交換するものです。こちらは「**実物経済**」とか「**実体経済**」といいます。

▶「実物経済」と「金融経済」の関係は？

実物経済の維持、発展のために、金融経済は欠かせないものです。たとえば、もしも銀行というものがなかったら、私たちはすべてを現金で支払わなければならず、その現金も家にタンス預金をしておくしかなくなります。

「実物経済」と「金融経済」はここが違う

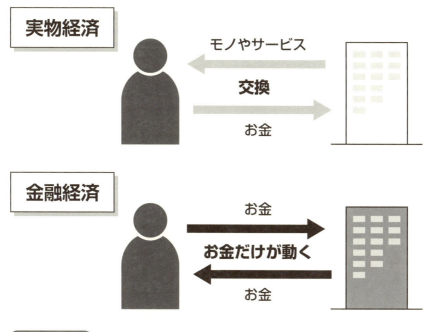

Point

金融経済はかつて実物経済を支えるためのものでしたが、現在では金融経済のほうが規模が大きくなっています

　企業は銀行からお金を借りられないので、手元にある現金の範囲でしか事業を拡大できず、会社を大きくするには長い年月がかかるでしょう。

　ですから、広い意味での金融経済は大昔から必要とされていたのですが、その規模は実物経済の10分の1程度といわれていました。

　しかし、経済のグローバル化（☞88ページ）やさまざまな金融市場、金融商品の登場によって、現在では世界に流れるお金の9割以上が金融経済によるといわれています。

09 「市場経済」ってどういう経済なのだろう？

▶ 市場経済は経済を「市場メカニズム」に任せる

　現在のロシアなど、かつてのソビエト連邦が崩壊して、社会主義の国々の多くが姿を消して以降、世界のほとんどの国は一部の例外を除いて「**市場経済**」という経済のシステムをとっています。

　ちなみに、中国は今も社会主義の国ですが、その経済システムは「**社会主義市場経済**」です。

　かつての社会主義国では、国がほとんどの生産要素を所有し、モノ、サービスの供給や価格を計画的に決める「**社会主義計画経済**」を採用していました。

　これに対して市場経済は、モノやサービスの供給量も、価格も「**市場メカニズム**」に任せようというものです。

▶ 経済学が説明する市場メカニズムとは

　市場メカニズムとは、どういうものでしょうか？　市場メカニズムのもとでは、需要と供給の量が価格によって調整されます。

　まず、消費者は価格が安いほど買いやすいので、安いほど需要が増え、高いと需要が減ります。

　一方、生産者は価格が高いほど儲かりますね。ですから供給は、価格が高いほど増え、安いと減るのです。

　こうして、価格が高ければ需要が減って供給が増え、安ければ需要が増えて供給が減り、やがて需要と供給は一致する＝均衡します。

　この点を「**均衡点**」といい、均衡点の価格が「**均衡価格**」、均衡点の需要と供給の量が「**均衡取引量**」です。

　こうして最適の価格と需要、供給の量が市場によって決まるとい

市場経済は市場を「市場メカニズム」に任せる

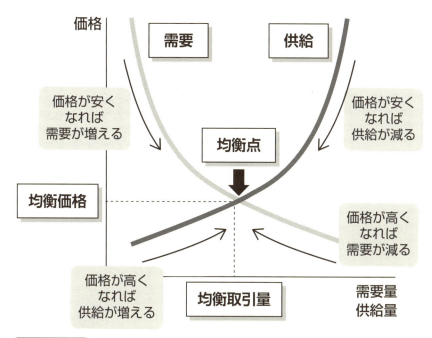

Point

市場メカニズムによって最適の価格が決まり、
需要と供給は均衡＝一致します

うのが、経済学の説明する「市場メカニズム」であり、この市場メカニズムを基本とする経済が「市場経済」というわけです。価格が、需要と供給を均衡させるので「**価格メカニズム**」ともいいます。

もっとも、市場メカニズム（価格メカニズム）がつねに有効に働くとは限りません。たとえば1930年代、世界恐慌時のアメリカでは、失業者が街にあふれましたが、価格（賃金）の調整機能はうまく働かず、失業者はいっこうに減りませんでした。

そこで必要とされたのが…（次項に続く）。

10 政府の「財政政策」、日銀の「金融政策」って何？

▶ 政府が国の財政を通じて行なう「財政政策」

　世界恐慌時のアメリカで、経済を市場メカニズムに任せきりにせず、政府が積極的に関与すべきだと主張したのが経済学者のケインズです（☞158ページ）。

　ケインズによれば、賃金はモノの価格と違って簡単には下がらない（賃金の下方硬直性）、政府が需要を創出してこそ失業は減り、不況を脱することができるとされました。

　このようなケインズ政策（☞160ページ）は、第2次大戦後まで世界各国の経済政策の中心になったのです。

　こうした、政府が国の財政を通じて行なう経済政策を「**財政政策**」といいます。財政政策の手段としては、国の歳出を使って行なう公共投資や、歳入である税金の減税・増税を使う方法が代表的です（☞144ページ）。

▶ 日銀が金融のしくみを通じて行なう「金融政策」

　一方、各国の中央銀行、日本でいえば日銀も、金融（☞26ページ）のしくみを使って経済政策を行ないます。

　日銀は、物価の安定を最も重要な目標のひとつとして掲げていますが（☞22ページ）、もうひとつ「金融システムの安定」も重要な目標なのです。ですから、「物価の番人」であると同時に「**通貨の番人**」とも呼ばれるわけですね。

　日銀が金融のしくみを使って行なう経済政策が「**金融政策**」です。金融政策の手段にもいろいろありますが、現在では「**公開市場操作**」（☞138ページ）が中心になっています。

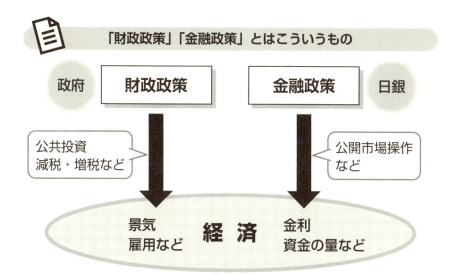

> **Point**
>
> 財政政策は国の歳出と歳入＝財政を使って行ない、
> 金融政策は金融のしくみを使って行ないます

　これは、国内の金融機関を相手に資金の貸付けや国債の売買を行ない、それを通じて市場の金利の水準を誘導したり、市場に流れる資金の量を調節するものです。

　このような日銀の金融政策は、政府の財政政策からは独立したものとされています。日本銀行法には「**金融政策の独立性**」が定められているからです。

　これは、世界各国の中央銀行の歴史を見ると、政府に都合のよい金融政策を行なうよう、圧力をかけられる例があったためです。

　しかし、日本銀行法では同時に、政府の財政政策と「整合的なもの」とすることも定められていて、完全に別々に行なわれるものでもありません。

　政府の財政政策と、日銀の金融政策の関係は、独立しつつ整合するという、微妙なものといえるでしょう。

11

経済を動かす「経済主体」って何と何?

▶「家計」「企業」「政府」が経済活動を行なっている

　経済活動を行なう単位として、経済学では「**経済主体**」というものを考えます。いろいろな分け方がありますが、一般的なのは「家計」(個人のこと)「企業」「政府」の3つに分けるものです。

　この3つの経済主体が経済活動を行なっている、つまり経済を動かしていると考えられます。そして3つの経済主体の間には、右の図のような関係があるとされます。たとえば家計なら、企業と政府に労働力を提供し、交換に賃金を受け取る、といった具合ですね。

　また、企業からは商品やサービスを受け取り、交換に代金を支払う、政府には税金を支払い、公共財(道路や公共の建物など)や公共サービス(警察や消防など)を受け取る、といった経済活動も行ないます。

▶金融経済を加えて見てみよう

　右の図の上半分、三角形の部分は、経済の本によく出てくる有名なものですが、実物経済(☞26ページ)しかあらわしていません。そこでここに、金融経済を加えてみましょう。

　金融経済では、企業と政府は主に資金調達を行ないます。企業なら融資を受けたり、株式や社債の発行、政府なら国債や公債の発行などです。

　一方、家計は貯蓄や投資、ときには住宅ローンなどの借入れを行ない、資金や利息、配当を受け取ったり支払ったりします。

　このように見ると、経済というものがスッキリ理解できるはずです。これが、経済のしくみのほぼ全体像といっていいでしょう。

家計、企業、政府、3つの経済主体の関係は

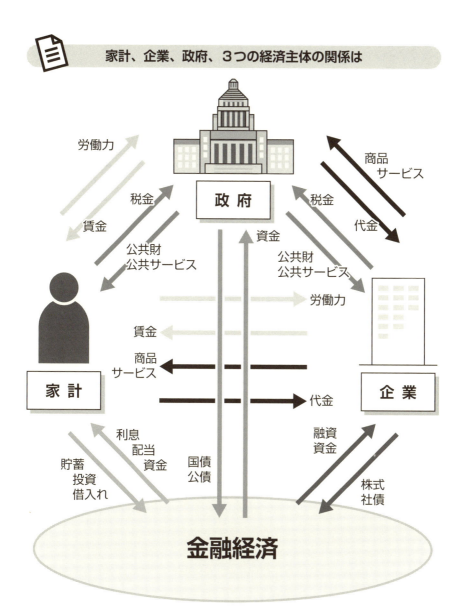

> **Point**
>
> 3つの経済主体に金融経済を加えてみると
> ほぼ経済のしくみの全体像が見えます

知っとコラム①

「貨幣」と「通貨」

　世の中に出回る現金などのことを**「貨幣」**と呼びます。貨幣は、次の3つの機能を持つものです。
【①財の価値尺度】
　市場で取引される多種多様なモノやサービスの、価値を示すモノサシになります。たとえば、1個100円のリンゴと50円のミカンがあったら、リンゴはミカン2個分の価値とわかるでしょう。
【②財の交換手段】
　経済的な取引の決済の手段になります。たとえば、リンゴを買うときは、100円の貨幣を渡してリンゴを受け取れば、取引は完結です。
【③富の貯蔵手段】
　リンゴが豊作だったとしても、貯蔵しておける期間には限りがあります。リンゴを売って貨幣に替えれば、いつまでも貯蔵しておくことが可能です。

　貨幣はまた、**「通貨」**とも呼びます。一般に流通する貨幣の意味ですが、通常は、法律により「強制通用力」を与えられた貨幣のことをいいます。
　たとえば日本銀行券は、日本銀行法により無制限の強制通用力を認められた通貨です。取引の代金1億円を1,000円の日本銀行券10万枚で支払っても、相手は拒否できません。
　ただし、硬貨は補助貨幣なので、多額の支払いは拒否できます。日本では、補助貨幣の強制通用力は額面の20倍までです。

2章

「GDP」って何をあらわしている？

12

「GDP」で日本の何がわかるの？

◆ 3か月ごとに日本のGDP速報が出ている

　私たちは始終、「GDP」のニュースを見聞きしている気がしますね。それもそのはず、内閣府は3か月ごとに、四半期のGDPの速報を出しているのです（☞58ページ）。

　この速報が、必ずといっていいほど、テレビや新聞のニュースになるので、私たちは実際、始終GDPのニュースにふれているわけです。

　速報では、大ざっぱにいってGDPの総合計と、右の図のいちばん下、8つの支出の小計が発表されます。総合計に「支出側」とあるのは、3つの面から見られるGDPのうち、支出面から見たGDPであるという意味です（☞44ページ）。

◆ 速報でわかる日本のGDPの内訳

　8つの支出のうち「民間の住宅投資」とあるのは、持ち家、分譲住宅、貸家など、民間が建てた住宅のための支出です。住宅は長く住めるものなので、消費ではなく投資に分類されます。また、民間、政府ともに在庫の変動もGDPのうちです。

　「純輸出」とあるのは、輸出額から輸入額を引いた差額をあらわしています。

　このようにGDPの内訳がわかるので、たとえばGDPが増えていたとして、どこがよかったのか細かくわかるのです。外需＝海外需要か、内需＝国内需要か、内需なら民間か政府か、民間なら家計＝個人の消費か、企業の設備投資か…。

　しかも、GDPの額だけでなく増加率や、名目GDPと実質GD

GDP速報ではこんなデータが発表される

国内総生産（支出側）							
内需							外需
民間部門				政府部門			海外部門
家計の消費支出	民間の住宅投資	企業の設備投資	民間の在庫増減	政府の消費支出	政府の公共投資	政府の在庫増減	純輸出

Point

これらのデータが実額・増加率・デフレーターに分けて、それぞれ名目・実質、季節調整後が発表されます

Pの比率であるデフレーター（☞100ページ）も発表されます。

　もちろん、名目GDPと実質GDPの両方（☞15ページ）が発表されるので、物価変動の影響があったのかなかったのか、あったらどれくらいあったのか、知ることが可能です。

　前にもお話ししたように、GDPの増減は景気のよし悪しの指標となるので（☞16ページ）、これらのデータによって本当に日本の景気はよいのか、よいならどこがよいのか、などなどが細かくわかります。

13

日本のGDPは
こうして計算しています

● 世界各国のGDPは共通の計算方法

　それでは、GDPの総額や内訳はどのように計算されているのでしょうか？　この項のタイトルに「日本の」と付けましたが、実はGDPの計算方法は世界各国で共通です。

　各国が自国だけの基準でGDPを計算したのでは、正しい国際比較ができなくなってしまいますね。

　そこで、GDPの計算方法の国際基準を定め、国連で採択することになっているのです。

　この採択された計算方法を「SNA」といい、日本語では「**国民経済計算**」といいます。

● SNAでさまざまな経済指標が計算されている

　SNAでは、GDP以外にもさまざまな経済指標の計算方法が定められています。右の図がそれらの指標と、お互いの関係です。

　②の「**国内総支出**」（GDE）は前項で見た、支出面から見たGDPになっています。③の国内総生産（GDP）と等しいことが、図からわかるでしょう。

　ちなみに、③の内容として表示されているのは、分配面から見たGDP「**国内総所得**」（GDI）です（☞44ページ）。

　あまり細かいことを覚える必要はないので、これ以上は説明を加えませんが、GDP以外にもさまざまな経済指標が計算されていることを知っておいてください。

　このような日本のSNA（JSNA）は、内閣府の経済社会総合研究所がとりまとめています。

SNAで計算される指標のいろいろ

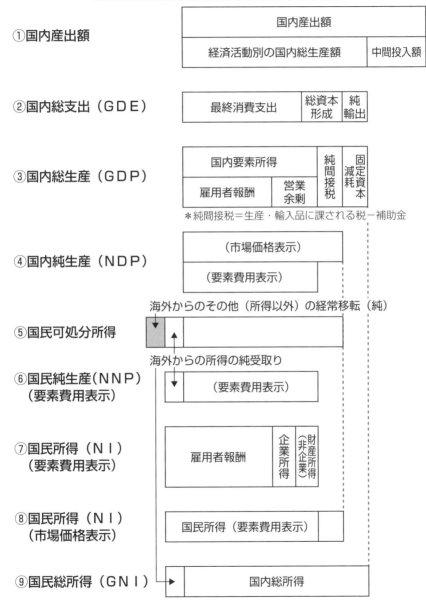

(内閣府「SNAの見方」より作成　http://esri.cao.go.jp)

14

「付加価値」の総額がGDP、というけれど…

▶ 付加価値とはいったいどういうもの？

　分配面から見たGDPが国内総所得で、支出面から見たGDPが国内総支出。それでは、もともとのGDP＝国内総生産はどの面から見るのでしょうか？

　国内総生産は、一定の期間内に「国内で生産された付加価値の総額」とされています。**付加価値**とは、企業がモノやサービスに付け加えた価値という意味です。右の図を見てください。

　原材料メーカーが、地中から鉱物などを掘り出して、原材料を製造し40円で売ったら、40円が付加価値となります。

　次に、部品メーカーが原材料を仕入れ、部品を製造して70円で売ったら、差額の30円が付加価値です。同様に、製品メーカーが部品を組み立てて90円で売ったら20円、販売会社が100円の商品として売ったら10円が付加価値になります。

　式であらわすと図下のとおりです。前ページ図の①で、国内産出額から中間投入額を引いて、国内総支出、国内総生産としているのは、このことをあらわしています。

▶ 「国民が生産した」ではなく「国内で生産された」

　GDPは国内総生産ですから、「国内で生産された」という点もポイントです。つまり、日本企業が国外で生産した分は含みませんが、外国企業が日本国内で生産した分は含まれるわけです。

　日本企業が国外で生産した分は、その国のGDPに含まれることになります。GDPは「Gross Domestic Product」の略で、このうちのDomesticには「国内の」という意味もあるのです。

モノやサービスに付け加えた価値が「付加価値」

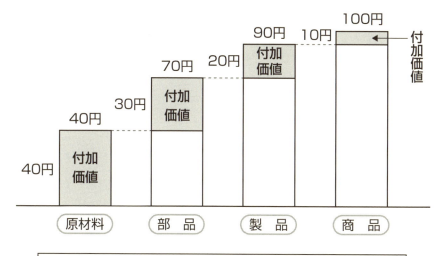

付加価値 ＝ 産出額 － 中間投入額

Point

GDPは「国内総生産」なので
国内で生産された付加価値だけを計算します

　「日本の国民が」の意味で使うときは、「国民」（National）という用語を使います。39ページ図で⑤以後、海外からの所得を含めた後は「国民〜」となっているのはそのためです。

　また、GDPの前に利用されていた経済指標はGNP（**国民総生産**）といい、これには日本企業が国外で生産した付加価値も含まれています。

　SNAの導入により、現在は景気をより正確に反映するGDPが重視されるようになったわけです。

15 「経済成長率」はどうやって計算しているの？

➡ GDPや「国民所得」の年間の増加率を計算している

　GDPなどの経済指標は、それぞれ経済の規模をあらわしますから、以前の数値と比較すると経済の成長の度合い＝「**経済成長率**」を測ることができます。一般によく用いられるのはGDPと、それに「**国民所得**」の年間の増加率です。

　国民所得とは、国民が得た収入、すなわち所得の総合計のことで、39ページ図の⑦のようにNI（National Income）であらわされます。

　図⑦の内容は大ざっぱにいうと、「**雇用者報酬**」が受け取った給料のこと、「**企業所得**」とは企業の利益、「**財産所得**」とは地代など財産の所有・運用から得た所得です。

　以上が国民所得の要素費用表示ですが、経済学ではこれに「間接税－補助金」を加えることがあり、これが図⑧の国民所得（市場価格表示）になります。

　国民所得以外では、四半期のGDP速報（☞58ページ）が発表されたときにも、前期と比較した成長率を計算することが可能です。これもニュースでよく報道されるので、テレビや新聞で見聞きしたことがあるでしょう。

　その場合、GDP速報は3か月分の数値なので、4倍して年率に換算することもよく行なわれています。

➡ 一般的なのは実質GDPの対前年増加率

　GDPなどの経済指標には、物価変動の影響を含めるかどうかでそれぞれ「名目」と「実質」がありますね（☞15ページ）。

　つまり、経済成長率にも「**名目経済成長率**」と「**実質経済成長率**」

実質GDPの対前年増加率を計算する

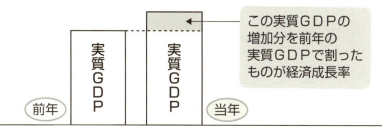

$$経済成長率 = \frac{当年の実質GDP - 前年の実質GDP}{前年の実質GDP}$$

Point

経済成長率は国民所得や名目GDPでも計算しますが、一般的なのは実質GDPの増加率です

があるわけですが、通常は、物価変動の影響を除いた実質経済成長率を用います。

また、経済成長率の指標として最もよく用いられるのは、やはりGDPです。

そこで、一般に最もよく用いられている経済成長率は、上の図のように、実質GDPの対前年増加率をパーセントであらわしたものということになります。単に「経済成長率」とあったときは、これを指していると考えていいでしょう。

計算は、今年の実質GDPを前年の実質GDPで割るのではなく、実質GDPの増加分を前年の実質GDPで割ることに注意してください。

式にすると、上のようになります。

16 「三面等価の原則」を知っておきましょう

▶「分配面から見たGDP」「支出面から見たGDP」とは

　GDPは、3つの面から見られるという話がたびたび出てきましたが、ここで説明しておきましょう。

　経済学には、「生産」「分配」「支出」という基本的な考え方があります。

　生産されたものは、資本や労働などの生産要素を提供した人に、所得としてすべて分配される、そして分配されたものは消費や投資、貯蓄などにすべて支出されるという考え方です。

　これを経済指標で考えると、国内総生産（GDP）として生産されたものは、国内総所得（GDI）としてすべて分配され、さらに国内総支出（GDE）としてすべて支出される、したがって3つの金額は等しい、ということになりますね。

　これが「三面等価の原則」（GDPの三面等価の原則）です。

　国内総所得と国内総支出の内容は、右の図のようになっており、それぞれ「分配面から見たGDP」「支出面から見たGDP」と呼ばれます。

　ちなみにGDIのIはIncome、GDEのEはExpenditureです。

▶「国民所得の三面等価の原則」もある

　国民所得（☞42ページ）についても、この関係が成り立ちます。

　国民所得の場合は、「生産国民所得」「分配国民所得」「支出国民所得」というものを計算すると、この3つが等しくなるということです。

　これを「国民所得の三面等価の原則」といいます。

「生産」「分配」「支出」は等しくなる

生産面から見たGDP

国内総生産(GDP)	国内総生産

分配面から見たGDP

国内総所得(GDI)	雇用者報酬	営業余剰	間接税－補助金	固定資本減耗
	労働に対する分配	資本や土地に分配される利益	政府に分配される分	固定資本の減価償却費

支出面から見たGDP

国内総支出(GDE)	民間最終消費支出	政府最終消費支出	総固定資本形成	在庫品増加	輸出－輸入
	企業と家計の支出	政府の支出	固定資本に支出した分	在庫に支出した分	外国が支出した分

Point

そのため国内総生産は国内総所得に等しく、国内総支出にも等しくなります（☞39ページ）

17 「少子高齢化」で日本のGDPはどうなる？

➡ 少子高齢化による「人口オーナス」を考えてみると

　現在の日本では、少子高齢化が進んでいます。これは日本経済の規模、すなわち日本のGDPに、どんな影響をもたらすのでしょうか？

　少子高齢化によって、考えられる社会の変化は主に2つあります。ひとつは、すでに始まっているように人口が減少すること。もうひとつは、高齢者が増えて子供が少なくなることで、人口の構成が逆ピラミッド型になることです。

　人口の減少は、生産の重要な要素である労働力の減少ですから、GDPの減少につながります。

　しかも、人口構成の変化による「**人口オーナス**」を考えると、その影響はさらに大きくなるはずです。

　人口オーナスとは、人口の変化が経済にマイナスに働く状態のことをいいます。これは「**生産年齢人口**」と「**従属人口**」というものを考えるとわかりやすいでしょう。

　一般に、15歳〜64歳の人口を生産年齢人口、14歳以下と65歳以上の人口を従属人口と呼び、生産年齢人口が経済を支えると考えられています。

　そこでたとえば、戦後のベビーブーム世代が生産年齢人口に達した日本の1950年代から70年代は、労働力の増加によって経済成長が数パーセント押し上げられたと考えられるのです。これを、人口の変化によるボーナスという意味で「**人口ボーナス**」といいます。

　人口オーナスはボーナスの逆の状態で、オーナスは重荷、負担といった意味です。

少子高齢化による人口オーナスとは

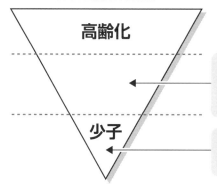

日本の人口構成

高齢化

少子

人口の減少率以上に
生産年齢人口（15歳〜64歳）
の減少率が高くなる

将来この人口構成が
改善される見込みもない

Point

生産年齢人口の減少は労働力の減少となって
日本経済にマイナスの影響を及ぼします

➡ 住宅投資や企業の設備投資の減少も

　つまり、人口構成が逆ピラミッド型になったことで、人口の減少率以上に、生産年齢人口の減少率が高くなるわけです。これが日本の人口オーナスになっているといえます。

　生産年齢人口の減少はほかにも、たとえば住宅投資の減少や、企業の設備投資の減少など（☞36ページ）、GDPに直接、影響を与えるかもしれません。

　支出面から見ても、若年層の負担が増えることで消費支出が減ったり、貯蓄を取り崩して生活する高齢者が増えることで、日本経済全体として貯蓄が減ることが考えられます。

　いずれの場合でも、少子高齢化は日本のGDP、経済に対してマイナスに働くことになりそうです。

18 GDPが増えると「景気」がよくなるの？

→ GDPが増えたから景気がよいとはいえない

ここからは「景気」の話に入ります。前にもお話ししたように、GDPが増えることは、経済活動が活発→景気がよい、という判断材料のひとつです。

しかしGDPには、家計、企業、政府のさまざまな経済活動が含まれますから（☞36ページ）、何がGDPの増加に寄与しているかでも話は違ってきます。

GDPが増えたから景気がよい、減ったから景気が悪いと、一概にいうことはできません。

→「景気拡大」と「景気後退」は繰り返す

いずれにしても、景気はよくなったり悪くなったり循環しています（☞60ページ）。

いちばん悪い景気の谷（☞50ページ）から、よくなっていくのが「**景気拡大**」です。「**景気回復**」ともいいますね。

景気が拡大を続けて、いちばんよい景気の山を越えると「**景気後退**」の局面になります。

このような景気拡大、景気後退の局面に応じて、物価や金利、株価や失業率などが上昇・下降するのは、前にもお話ししたとおりです（☞16ページ）。

→「好況」「不況」とは何だろう？

ところで、景気がよい・悪いの見方は、2つあるのをご存知でしょうか？

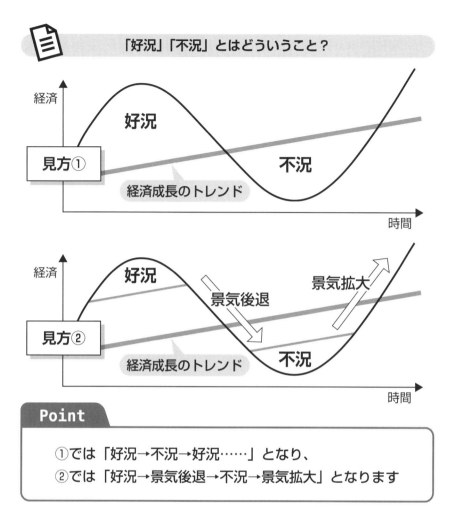

　ひとつの見方は、経済成長の平均的なトレンドを考えて、トレンドを上回ったら好景気（**好況**）、下回ったら不景気（**不況**）というものです。この見方では、景気は「好況→不況→好況→不況……」を繰り返すことになります。

　もうひとつの見方は、景気の山に近いかなりよい状態を好況、景気の谷に近いかなり悪い状態を不況とするものです。

　この見方では、景気は「好況→景気後退→不況→景気拡大……」というサイクルになります。

19 日本の景気がよい・悪いはどこが決めている？

▶ 景気の山と谷を明確に示す「景気基準日付」

　景気が拡大局面から後退局面に転じるときを「**景気の山**」、後退局面から拡大局面に転じるときを「**景気の谷**」といいます。

　景気の山、谷ということばを聞くと、何かばく然とこのあたり、と指しているように感じられますね。しかし実は、山が○年○月、谷が○年○月と明確に示されています。

　内閣府が「**景気基準日付**」というものを発表していて、そこで山と谷の年月を知ることができるのです。

　それによると、統計をとり始めて最初の「第1循環」の山は1951年6月、終わりの谷は51年10月。近年では、「第15循環」の山が2012年3月、谷が12年11月であるとして、右の図のように発表されています。

　日本の方式では、景気の谷から次の谷までを1循環（☞60ページ）とするので、谷、山、谷の年月が発表されているわけです。

▶ 緩やかに回復、など直接的に表現する「月例経済報告」

　もっとも、景気基準日付の確定には相当の時間がかかるため、山も谷もだいぶ時間が経ってから発表されます。

　それまでの間、そのときどきの景気の動向を知るには、どうしたらいいでしょうか？

　いちばん簡単なのは、内閣府が毎月、発表している「**月例経済報告**」を見ることです。報告の冒頭に「景気は、緩やかに回復している。」などと、直接的に表現されています。

　そのほか「**景気指標**」と呼ばれる、景気の動向を示すデータも利

景気の山と谷は年月がはっきりわかっている

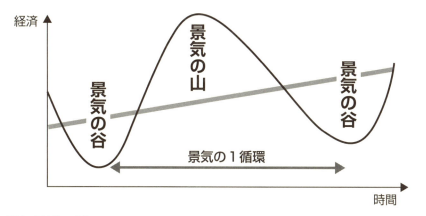

景気基準日付（第15循環の部分）

循環	谷	山	谷
第15循環	平成21年3月 （2009年3月）	平成24年3月 （2012年3月）	平成24年11月 （2012年11月）

Point

景気基準日付が発表されるまでは
「月例経済報告」などで景気の動向を知ることができます

用可能です。

　代表的なのは、内閣府が発表する「**景気動向指数（CI）**」（☞次項）ですが、日銀が3か月に一度調査・公表する、企業に対するアンケート調査の結果「**短観（業況判断DI）**」（☞58ページ）もあります。

　この2つと、「**四半期別GDP速報**」（☞58ページ）が最も重視されている景気指標で、3つを合わせて景気指標の「御三家」と呼ぶくらいです。

20

景気を数字であらわす「景気動向指数」って何？

▶ 29の経済指標から6つの指数を算出している

　最も代表的な景気指標は、その名も「**景気動向指数**」といいます。世界各国の政府機関で調査・分析されていて、日本では内閣府が毎月発表しているものです。

　日本の景気動向指数は、29の経済指標から指数を算出しています（☞次項）。ひと口に景気動向指数といいますが、実は6つの指数の集まりです。

　まず、景気に対してどう動くのか、先に動くのか、同時に動くのか、遅れて動くのかで「先行指数」「一致指数」「遅行指数」の3種類があります。

　次に、それぞれについて「コンポジット・インデックス」（CI）と、「ディフュージョン・インデックス」（DI）があるので、合計6つの指数が算出されるのです。

▶ 景気動向指数の「CI」「DI」とは？

　「CI」は、次項で紹介する、系列を構成する指標の動きを合成して算出されます。主に、景気変動の大きさや、テンポ（量感）を示すのが目的です。

　たとえば、「CI一致指数」が大きく上昇しているほど景気拡大の幅が大きい、大きく下降しているほど景気後退の幅が大きいといった具合に使われます。

　一方「DI」は、改善している指標の割合を計算します。それによって、景気変動の各分野への波及度を測るのが目的です。

　たとえば、「DI一致指数」が50％を上回っているときは、景気

景気動向指数は6つの指数を算出している

	景気に先行して動く	景気と同時に動く	景気に遅れて動く
CI	CI先行指数	CI一致指数	CI遅行指数
DI	DI先行指数	DI一致指数	DI遅行指数

Point

CIでは景気変動の大きさや量感が、
DIでは各分野への波及度がわかります

拡大が各分野に浸透している、50％を下回るときは景気後退が浸透している、と判断できます。

➡ CIでは景気変動の大きさや量感がわかる

　CIとDIの違いは、計算方法の違いです。DIは、改善している指標の割合を計算するので、改善の幅が大きくても小さくても、結果は変わりません。

　一方CIは、指標が大きく改善していればCIも大きく改善し、小さければCIの改善の幅も小さくなります。そのため、CIでは景気変動の大きさや量感がわかるわけですね。

　こうした特長があるので、現在の景気動向指数はCI中心の発表になっていますが、景気変動の波及度を測ることも重要なので、引き続きDIも発表されています。

21

景気動向指数は
こんな指標から算出しています

▶「先行系列」「一致系列」「遅行系列」に分かれている

　それでは、景気動向指数を算出する29の経済指標を見てみましょう。

　3種類の指数を算出するために「先行系列」「一致系列」「遅行系列」に分かれており、先行系列には11、一致系列と遅行系列には9の指標があります。CIとDIでは、指標は共通です。

　これらの指標は、景気が1循環するごとに見直されています。

▶「先行指数」「一致指数」「遅行指数」で何がわかる？

　先行系列の指標には、たとえば東証株価指数や新設住宅着工床面積などがあります。

　株価などは景気に先行して動くので、これらの指標から算出される先行指数は、一致指数より数か月先行するわけです。そこで先行指数は、景気の先行きを予測するために利用されます。

　次に一致系列には、企業の営業利益や有効求人倍率（除く学卒）などがあります。これらの指標は、景気の動きにほぼ一致して動く指標です。これらの指標から算出される一致指数は、足もとの景気の現状を把握するために利用されます。

　一方、遅行系列は、景気の動きに対して遅れて動く指標です。たとえば、実質法人企業設備投資や家計消費支出などがその例でしょう。それらから算出される遅行指数は、一般に一致指数より数か月から半年程度、遅れて動く指数です。

　そのため、事後の確認に利用されますが、一致指数より景気の回復などが実感できるという面もあります。

景気動向指数を算出する29の経済指標とは？

先行系列	一致系列	遅行系列
1. 最終需要財在庫率指数（逆サイクル）	1. 生産指数（鉱工業）	1. 第3次産業活動指数（対事業所サービス業）
2. 鉱工業生産財在庫率指数（逆サイクル）	2. 鉱工業用生産財出荷指数	2. 常用雇用指数（調査産業計、前年同月比）
3. 新規求人数（除く学卒）	3. 耐久消費財出荷指数	3. 実質法人企業設備投資（全産業）
4. 実質機械受注（製造業）	4. 所定外労働時間指数（調査産業計）	4. 家計消費支出（勤労者世帯、名目、前年同月比）
5. 新設住宅着工床面積	5. 投資財出荷指数（除く輸送機械）	5. 法人税収入
6. 消費者態度指数	6. 商業販売額（小売業、前年同月比）	6. 完全失業率（逆）
7. 日経商品指数（42種総合）	7. 商業販売額（卸売業、前年同月比）	7. きまって支出する給与（製造業、名目）
8. マネーストック（M2、前年同月比）	8. 営業利益（全産業）	8. 消費者物価指数（生鮮食品を除く総合、前年同月比）
9. 東証株価指数	9. 有効求人倍率（除く学卒）	9. 最終需要財在庫指数
10. 投資環境指数（製造業）		
11. 中小企業売上げ見通しDI		

Point

先行指数で景気の先行きが、一致指数で足もとの景気が、遅行指数で景気の実感がわかります

55

22 株価が上がると景気がよくなるってホント？

▶ 株価には景気拡大を増幅する働きがある

　景気動向指数の先行系列のひとつに、東証株価指数があります。株価は、景気の先行指標なのです。そのため「経済の鏡」と呼ばれたりします。しかし、それだけではありません。

　株価が上がると、企業は増資や借入れなどの資金調達がしやすくなるので、活発な設備投資などを行なうようになります。つまり、さらに景気がよくなるわけです。

　一方、投資家は、持っている株の価格が上がると資産が増えるので、活発な消費を行なうようになります。これを「**資産効果**」（☞94ページ）といいますが、これでさらに景気がよくなるのです。

　このように株価の上昇には、景気の拡大を増幅する働きがあり、その景気の拡大がさらに株価を上昇させることになります。

▶ 景気が山を迎える前に株価は下落に転じる

　もっとも、株価は景気の先行指標ですから、景気が山を迎える前に下落に転じます。そうなると、企業は設備投資を、投資家は消費を控えるようになって、景気は後退局面に入ることでしょう。

　すると、株価はさらに下がります。この株価の下落は、景気が谷を迎える前に上昇に転じますが、それまでは株価下落と景気後退の連鎖が続くことになります。

▶ 「東証株価指数」「日経平均株価」とは

　個々の企業の株価は、景気のよし悪しに関わらず上がったり下がったりするものです。そこで、株価全体の水準を見るには東証株価

景気と株価は上昇も下落も増幅する

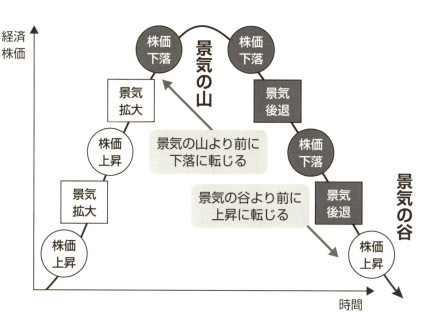

> **Point**
>
> 株価が上がると(下がると)景気が拡大し(後退し)、さらに株価を上げる(下げる)という関係があります

指数などの「**株価指数**」を利用します。

「**東証株価指数**」は、東証第一部の全上場企業の時価総額(☞120ページ)の合計を指数化したものです。1968年1月4日の終値を100として計算され、東京証券取引所が1秒ごとに計算、発表しています。**TOPIX**(Tokyo Stock Price Index)ともいいますね。

そのほか、東証第一部の株価指数としては「**日経平均株価**」も代表的です。こちらは、東証第一部の代表的な225銘柄の株価の修正平均で、そこから「**日経225**」とも呼ばれています。

23 ニュースになる「短観」「GDP速報」とは？

🡆 日銀は企業経営者を対象にアンケート調査を行なっている

代表的な景気指標である「短観」「GDP速報」も、発表されるとよくニュースになるものです。ここで説明しておきましょう。

「短観」は、正式には「全国企業短期経済観測調査」といい、「**日銀短観**」ということもあります。調査の名のとおり、日銀が全国約1万社の企業経営者を対象に行なっているアンケートの結果で、四半期ごとに調査・発表されるものです。

なかでも、景気がよいと思うか、悪いと思うかを聞く「**業況判断DI**」は、経営者の景気の見方をみる代表的な指標とされています。

右の図上にあるように、景気がよいと感じている経営者の割合から、悪いと感じている割合を引いて求められるDI（☞52ページ）で、マイナスだと景気が悪いと感じている企業が多いということです。

🡆 内閣府は四半期の約1か月半後にGDPの速報を発表する

一方「GDP速報」は、正式には「**四半期別GDP速報**」といい、英語 Quarterly Estimates の略から「**QE**」とも略されます。

家計、企業、政府のさまざまな経済活動が集計されますが（☞36ページ）、注目したいのはその発表スケジュールです。対象となる四半期の約1か月半後に1次速報が、その1か月後には2次速報が発表されるのです。

もちろん速報なので、数値が改定されることもしばしばありますが、GDPの年次推計確報は翌年末、確々報は翌々年末になるので、足もとの景気を見る指標として重視されています。

「短観」「GDP速報」のポイントは？

短観 のポイント：業況判断DI

例

	回答社数	回答社数構成百分比
（1）よい	20社	20%
（2）さほどよくない	55社	55%
（3）悪い	25社	25%
合計	100社	100%

業況判断DI＝（1）よい 20％ －（3）悪い 25％ ＝ △5％ポイント
※「％ポイント」は構成百分比の差をあらわす単位

（日本銀行「教えて！　にちぎん」より作成　https://www.boj.or.jp）

GDP速報 のポイント：発表のスケジュール

Point

短観は日銀が、GDP速報は内閣府が調査・分析し、どちらも四半期ごとに発表されます

24

どうして景気には山とか谷とか、波があるの？

➡ いろいろな「景気循環」が重なって波になっている

　それにしても、景気が拡大したり後退したり、波のように変動を繰り返すのはどうしてなのでしょうか？

　一般的には、景気の谷から次の景気の谷までを「1循環」と呼び、その景気の波のことを「**景気循環**」とか「**景気変動**」といいます。

　このように、景気が一定の周期で規則的に循環するという考え方が「**景気循環論**」です。古典的な景気循環論として、それぞれ発見者の名前を冠した右表の4つが知られています。

　4つの波は、それぞれ異なる長短の周期を持っているので、それが複合的に重なって、実際の景気循環となってあらわれると考えられているのです。

➡ 景気の循環にはそれぞれ原因がある

　では、なぜ周期の異なる4つの波があるのでしょう？　それぞれの波の周期の長さから、原因が推定されています。

　まず、キチンの波は40か月程度の比較的短い周期です。この40か月という周期から、企業の在庫の変動による景気循環と考えられています。

　企業は、モノやサービスが売れているときは、生産を増やします。つまり、経済活動が活発になり、景気がよくなるわけです。しかし、モノやサービスがひと通り行き渡ると、需要は減り、増産した分が在庫として残ってしまいます。

　すると企業は、在庫を減らすために生産を抑えるようになります。つまり、経済活動が停滞して、景気が悪くなるのです。

4つの有名な「景気循環論」とは？

	発見した経済学者	周期	原因
キチンの波	アメリカのジョセフ・A・キチン	40か月程度	企業の在庫変動
ジュグラーの波	フランスのクレマン・ジュグラー	10年程度	企業の設備投資変動
クズネッツの波	アメリカのサイモン・クズネッツ	20年程度	建築物の建替え
コンドラチェフの波	旧ソ連のニコライ・コンドラチェフ	50年程度	技術革新

Point

実際の景気の波＝景気循環は
これらが複合的に重なってあらわれると考えられます

　やがて在庫の調整が進み、企業は再び活発に生産するようになって、景気は回復する…。このように、在庫の変動によって循環するので、キチンの波は別名を「**在庫循環**」といいます。

　同様にジュグラーの波は、10年程度の周期が企業の設備の耐用年数に近いことから、更新のための設備投資の変動が原因というのが定説です。そこで「**設備投資循環**」と呼ばれます。

　また、クズネッツの波は、企業の建物の耐用年数に近い20年程度の周期です。建替えやリフォームの増減が原因と考えられるので、「**建築循環**」とされています。

　一方、コンドラチェフの波は当初、原因がわからなかったのですが、後にアメリカ・ハーバード大学の経済学者ヨーゼフ・シュンペーターによって、産業革命や鉄道の発達、電気や自動車の普及などの「技術革新」によるものとされました。

25

「バブル景気」って
いったい何だったの？

➡ 1980年代後半から90年代にあった異常な好景気

　景気といえば、「バブル景気」を思い起こす人がいるかもしれません。日本が、1980年代後半から経験した異常な好景気で、景気循環でいえば第11循環の拡張期、始まりの谷は86年11月で、景気の山は91年2月とされています。

　サラリーマンの給料は上がり、高級車や高級ブランド品が飛ぶように売れた時代でした。地価と株価は上昇に上昇を続け、地価は半年で10％、年率換算で20％上昇する土地も珍しくなく、日経平均株価は89年12月に史上最高値の3万8957.44円を付けました。

➡ 地価と株価が相場に関係なく上がり続けたワケ

　なぜ、こんなことが起こったのでしょう？
　土地や株への投資から得られる利益には、2つの種類があります。ひとつは「**インカム・ゲイン**」といい、株では配当金、土地では賃貸料がこれにあたります。
　もうひとつは「**キャピタル・ゲイン**」といい、これは要するに売買の差益のことです。土地や株を売ったときに、買ったときより値上がりしていれば、キャピタル・ゲインを得ることができます。
　そこで、バブル当時の経済では何が起こったか考えてみましょう。
　通常の経済や、インカム・ゲインが目的の投資では、市場メカニズム（☞28ページ）が働いて高いものは売れなくなります。
　しかし、キャピタル・ゲイン狙いの投資は、そうではありません。値上がり益が出さえすればよいので、高くても安くても関係ないのです。そのため、人々がまだ値上がりすると考えている間は買い手

通常の経済と「バブル経済」の違い

> Point
>
> 通常の経済では市場メカニズムが働きますが、
> バブル経済ではキャピタル・ゲインが目的になります

があらわれ、さらに値上がりすることになります。

「バブル経済」はいつか必ず崩壊する

これが「バブル経済」と呼ばれるものです。

80年代後半からの日本のバブルが、まさにこの状態でした。当時の超低金利で余った資金が土地と株の市場に流れ込み、地価と株価は急上昇を続けたのです（☞66ページ）。

ほとんどの人は、この土地と株の値上がりが止まる、値下がりするとは考えていなかったことでしょう。

しかし、バブルはいつか必ず崩壊します。90年代に入って、政府による土地売買の制限と、日銀による金利の引上げが行なわれると、地価と株価は急落し、日本経済は長い停滞期間＝失われた20年に入ることになります（次項に続く）。

26 バブル崩壊で日本が経験した「失われた20年」

● バブル崩壊から始まった「失われた10年」

　1990年10月、日経平均株価は一時2万円を割る値を付けます。4万円近い史上最高値から9か月、株価は景気の先行指標（☞56ページ）という常識どおり、バブル崩壊を予告する下落でした。

　バブル崩壊後、金融機関は長くバブル期の不良債権処理に苦しみます。95年からは、金融機関の破綻も相次ぎました。

　この間、経済成長率はよい年でも3％台、悪い年はマイナスです。この期間は後に「**失われた10年**」と呼ばれることになります。

● 2002年から73か月続く「実感なき景気回復」

　2002年からは、「**いざなみ景気**」と呼ばれる景気回復期が続きますが、この期間も経済成長率はよくて2％、景気の回復が緩やかすぎて給料も上がらず、「実感なき景気回復」といわれたのはこのときのことです（☞17ページ）。

　ちなみに、いざなみ景気と呼ばれたのは「**いざなぎ景気**」より長く続いたからです。

　最初、54年11月から31か月続いた拡張期は、日本の歴史始まって以来（神武天皇以来）の長さという意味で「**神武景気**」と呼ばれました。次に、58年6月から42か月続いた拡張期は、神武より古い天の岩戸神話の時代以来として「**岩戸景気**」と呼ばれたのです。

　そこで、65年11月から73か月続いた拡張期のときは、もっと古いイザナギノミコトの国生みの神話の時代以来とされました。そして、2002年1月から73か月続いた拡張期は、その国生み神話の女神であるイザナミノミコトの名前をとって付けられたのです。

経済成長率で「失われた20年」を見ると？

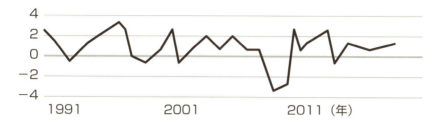

日本の経済成長率の推移　　　　　　　　　　　　　　　　（単位：%）

1991	1992	1993	1994	1995	1996	1997	1998	1999	2000
2.3	0.7	−0.5	1.5	3.4	2.8	0.0	−0.9	0.7	2.5
2001	2002	2003	2004	2005	2006	2007	2008	2009	2010
−0.6	0.9	2.0	1.6	2.0	1.4	1.2	−3.4	−2.2	3.2
2011	2012	2013	2014	2015	2016	2017	2018	2019	2020
0.5	0.8	2.6	−0.3	1.4	1.2	1.6	?	?	?

> **Point**
> 失われた20年の間4％以下の低成長が続き、
> その後の10年も伸びは鈍いままになりそうです

➡ かくして「失われた20年」から「失われた30年」へ

　2008年、リーマン・ショックによって世界同時不況が起こり、日本は再びマイナス成長におちいります。11年には東日本大震災、福島第一原発事故があり、再び0％台へ。

　かくして「失われた10年」は**「失われた20年」**になったのです。

　12年以後も、経済成長率の伸びは鈍く、21年には「失われた30年」になるという人もいます。

知っと
コラム
②

「プラザ合意」とバブル

　「プラザ合意」とは、1985年、ニューヨークのプラザホテルで開催された当時のG5、先進5か国財務相・中央銀行総裁会議での合意事項のことです。

　ちなみに、当時のG5はアメリカ、日本、イギリス、ドイツ、フランスの5か国でした。

　当時、為替相場はドルだけが高い状態（独歩高）で、アメリカはぼう大な貿易赤字（☞68ページ）に苦しんでいました。会議では、この不均衡を為替レートの調整により、是正することが話し合われたのです。

　合意後、アメリカ以外の各国は、自国通貨買い・ドル売りの為替介入を行ないました。このように、各国が歩調を合わせて行なう為替介入を「**協調介入**」といいます。

　協調介入後、ドルの独歩高は是正されましたが、日本は逆に円高・ドル安に苦しむことになります。86年から87年にかけて、史上最も厳しいといわれた「円高不況」になり、とくに輸出中心の中小企業が打撃を受けました。

　これに対し政府日銀は、公定歩合（☞134ページ）を2.5％まで下げる、当時としては超低金利政策をとります。この超低金利がカネ余りを呼び、余ったカネは土地と株式に流れ込んで、地価と株価の異常な高騰を招きました。

　かくして日本は、バブル景気とその崩壊、失われた20年へと突入したのです（☞62〜65ページ）。

3章

「貿易」と「為替」が世界経済を動かす

27

「貿易赤字」はどうして国際的な問題になるの？

▶ 世界の株式会社は「貿易」から始まった

　世界最初の株式会社は、オランダ東インド会社だといわれています。映画『パイレーツ・オブ・カリビアン』を思い出す人がいるかもしれませんが、あちらのモデルはイギリス東インド会社。

　継続的に事業を行なった最初の株式会社とされているのは、オランダのほうの東インド会社です。

　それはともかくとして、これらの東インド会社は「貿易」をビジネスとしました。東洋の香辛料などを直接、買い付けてヨーロッパの市場に持ち込んだのです。今日、無数にある株式会社のビジネスは、貿易をルーツにしているわけですね。

▶ 貿易収支がマイナスの状態が「貿易赤字」

　貿易には、輸入と輸出があります。輸出額から輸入額を引いた差が「**貿易収支**」です。貿易収支は、輸出入の全体で見る場合と、相手の国ごとに計算する場合があります。日本ではどちらも、毎月発表される「財務省貿易統計」で知ることが可能です。

　貿易収支がマイナスの状態を「**貿易赤字**」といいます。貿易赤字は、保護貿易主義（☞18ページ）を進めようとする国の政府がその根拠としたりするものです。A国に対して貿易赤字だから、A国からの輸入品には関税（☞88ページ）をかける、と脅したりします。

▶ 貿易赤字だとどこが不都合？

　貿易赤字には、国際問題になるようなデメリットがあるのでしょうか？

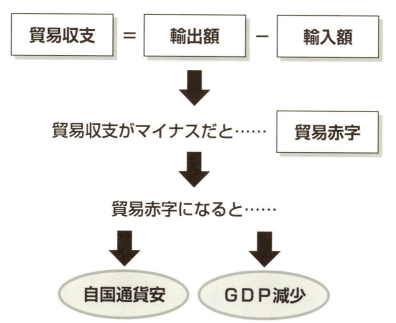

 ひとつには、貿易赤字の国が自国通貨安になる傾向があります。たとえば、B国がC国に対して貿易赤字だと、貿易の後、C国にはB国の通貨が残るでしょう。これを自国通貨に換えようと為替市場に売りに出すので、B国の通貨は相場が下がるのです。
 また、貿易赤字はGDPを減少させることにもなります。支出面から見たGDPには、輸出から輸入を引いた貿易収支が含まれるからです（☞44ページ）。
 貿易黒字だと逆に自国通貨高、GDP増加の傾向があらわれます。

28

国と国の間でやりとりされるのは「貿易」だけ？

▶「経常収支」でサービスなどのやりとりも含めて見る

　国と国の間でやりとりされるのは、モノの貿易だけではありませんね。たとえば、サービス。外国人旅行者が日本で消費した分、いわゆるインバウンド消費のうち形のないサービスは、GDP統計では輸出に含まれますが、貿易収支には含まれません。

　そこで、もっと幅広く見ようというのが「**経常収支**」です。

　経常収支は、前項の貿易収支に加えて、「**サービス収支**」「**所得収支**」「**経常移転収支**」を計算します。

　「**貿易収支**」は、前項で説明したように輸出額から輸入額を引いたものです。

　「**サービス収支**」は、主に外国人旅行者が日本で使ったお金の分です。ただし貿易収支と同じ考え方で、日本の旅行者が海外で使ったお金の分は差し引きます。

　「**第一次所得収支**」は、簡単にいうと海外への投資による儲けですが、海外から日本への投資による儲けを差し引いた差額です。

　「**第二次所得収支**」には、政府開発援助（ODA）の一部などが含まれます。

　このような経常収支の内容は、財務省と日銀が毎月発表する「国際収支統計」で知ることが可能です。

▶ 経常収支は黒字ならよいのか？

　この経常収支の赤字と、国の財政の赤字である財政赤字を合わせて「**双子の赤字**」と呼びます。ニュースなどで耳にしたことがあるでしょう。

経常収支は4つの収支の合計

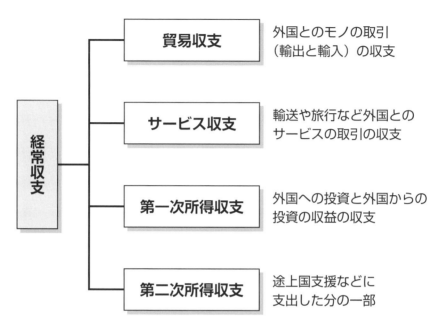

> **Point**
>
> この経常収支が赤字で国の財政も赤字だと「双子の赤字」と呼ばれます

　アメリカでは、1980年代のレーガン政権から双子の赤字が問題になり、その後もアメリカ歴代政権の課題になっています。

　日本は財政赤字ですが、経常収支は黒字です。もっとも、経常収支には、国の景気がよいときは悪化し、景気が悪いときは改善する傾向があります。

　アメリカの双子の赤字はアメリカの堅調な景気を、日本の経常収支の黒字は、日本の景気回復の遅れをあらわしているのかもしれません。

29 国と国のやりとりの全部が「国際収支」です

● カネのやりとりの収支を見るのが「資本移転等収支」

経常収支で、国と国のモノと、それにサービスなどのやりとりの収支がわかります。となると、後はカネのやりとりですね。つまり、資本取引の収支です。

資本取引の収支は、「**資本移転等収支**」というものにまとめられます。これは、資本が海外に流出したり、海外から流入した分です。

たとえば、海外の国債や株式に投資すると、その収益は第一次所得収益になりますが、その資本自体は海外に流出することになります。これは資本移転等収支のマイナスです。

また、海外の会社が日本の会社を買収したりすると、海外の資本が日本に流入します。資本移転等収支のプラスになるわけです。

● 経常収支と資本移転等収支を合わせて「国際収支」

経常収支と資本移転等収支を合わせると、モノとサービスとカネのやりとりがすべて把握できます。これが「**国際収支**」です。

国際収支の内容は、財務省と日銀による「国際収支統計」で見ることができます。実はこの統計は、ＩＭＦ（国際通貨基金☞86ページ）が作成した「国際収支マニュアル」にもとづいて作成されていて、世界の国々で共通です。

ですから、国際収支の状況を他国と比較することができるのです。

● 国際収支の黒字や赤字は「金融収支」になる

ところで、国際収支が黒字になったり、赤字になったりした分はどこにいくのでしょうか？　これをあらわすのが「**金融収支**」です。

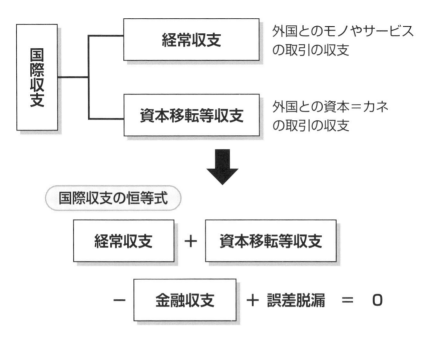

国際収支は経常収支と資本移転等収支で成り立つ

国際収支
- 経常収支 — 外国とのモノやサービスの取引の収支
- 資本移転等収支 — 外国との資本＝カネの取引の収支

国際収支の恒等式

経常収支 ＋ 資本移転等収支 － 金融収支 ＋ 誤差脱漏 ＝ 0

Point

要するに経常収支と資本移転等収支が国際収支で、国際収支の額は金融収支の額に等しいということです

　金融収支は、対外金融資産や負債の増減のことで、中身は直接投資、証券投資、金融派生商品など対外投資の増減や、外貨準備（☞84ページ）で構成されています。つまり、国際収支の黒字や赤字は、対外金融資産や外貨準備の増減になるのです。

　そこで、経常収支と資本移転等収支、金融収支の関係を式であらわすと上のようになります。「誤差脱漏」とはむずかしい用語ですが、要するに計算の誤差や漏れのことです。

　この式は、「**国際収支の恒等式**」と呼ばれています。

30

貿易などのルールは誰がどこで決めているの？

「WTO協定」でルールが定められている

貿易などのルールを定め、貿易交渉の場の提供や貿易紛争の解決にあたっている国際機関があります。

1995年に設立された「WTO」(World Trade Organization＝世界貿易機関）がそれです。スイスのジュネーブに本部を置き、160以上の国と地域が加盟しています。

貿易（Trade）という名前が付いていますが、モノの貿易だけでなく、サービスや知的所有権などの取引のルールを定めているのもWTOです。

「WTO協定」というものがあって、ルールはその付属協定で定められ、加盟国はこの協定をすべて受諾しないと加盟できないしくみになっています。

保護主義の反省から自由貿易の推進へ

WTOの主な目的は、自由貿易（☞18ページ）の推進です。

というのも、1930年代の世界恐慌の後、植民地を持つ列強は植民地をブロック経済化して、それぞれ保護主義の政策をとりました。このことが、第2次大戦の一因になったという反省が、WTO設立の発端にあるからです。

当初、1948年にGATT（ガット＝関税および貿易に関する一般協定）が発足し、86年に開始されたウルグアイ・ラウンドで、貿易ルールの拡充と、それを運営する、より強固な国際機関の設立が合意されました。

それがWTOで、右ページ図にあげたのはWTOがGATTから

貿易などのルールを定めるWTOの基本原則

①最恵国待遇原則
関税などは、どこかの国に与える最も有利な待遇を、すべての加盟国の同種の品に即時、無条件で与えなければならない。

②内国民待遇原則
輸入品にかけられる税金や法的な規制は、同種の国産品に与えている待遇より不利になってはいけない。

③数量制限の一般的廃止の原則
関税や課徴金以外の禁止事項や制限を新設、維持してはいけない（輸出入の数量制限措置などを行なってはならない）。

④合法的な国内産業保護手段としての関税に係る原則
通商を規制する手段としては関税だけを容認する。交渉によって譲歩し認許した「譲許税率」を超えて関税をかけることや、一方的な引上げは禁止する。

> **Point**
> WTO協定の目的は、「貿易障壁の軽減」と「国際貿易関係における差別待遇の廃止」と協定前文にあります

引き継いで「基本原則」としているものです。

　ちなみに「**ラウンド**」とは、多国間で貿易の自由化を話し合う「多角的貿易交渉」のこと、交渉の開始に関わった人名や地名を付けて呼ばれます。

　GATTではケネディ・ラウンド、東京ラウンドなど計8回のラウンドが開催され、ウルグアイ・ラウンドがGATTの最終ラウンドになりました。

　WTOでも、2001年からドーハ・ラウンドが開始されています。

31

「FTA」と「EPA」はどこがどう違う？

▶ FTAは関税の撤廃や軽減をする「自由貿易協定」

　新聞の国際面などを見ていると、日欧EPA、NAFTA、TPP、RCEPなどのアルファベットが並んで、頭が混乱することがあります。これらはみな、国同士で経済関係を強化しようという「**経済統合**」と呼ばれる動きなのです。

　経済統合にもさまざまなレベルがありますが、現在のところ一般的なのは、大きく分けて「**FTA**」と「**EPA**」の2つです。

　FTAは、Free Trade Agreement（Area）の略、日本語では「**自由貿易協定（地域）**」と訳します。最も低いレベルの経済統合で、関税の撤廃や軽減を通して、経済関係の強化をめざす協定です。

　アメリカのトランプ政権が再交渉を要求して、連日のようにニュースを賑わした「**NAFTA**」（ナフタ）が有名ですが、ちゃんと中にFTAの3文字が入っていることがわかりますね。North American FTA（北米自由貿易協定）の略なのです。

　FTAとしてはほかに、**ASEAN**（Association of South-East Asian Nations＝東南アジア諸国連合）10か国が加盟する「**AFTA**」（アフタ：ASEAN FTA＝アセアン自由貿易地域）もあります。

　また、**APEC**（エイペック：Asia Pacific Economic Cooperation＝アジア太平洋経済協力）で提唱されているのが「**FTAAP**」（FTA of the Asia-Pacific＝アジア太平洋自由貿易圏）です。

▶ EPAはFTAより幅広い「経済連携協定」

　次に、関税の撤廃や軽減に加えて、投資や人の移動、知的財産権の保護、その他さまざまな分野での協力を含み、より幅広い経済関

FTAとEPAの簡単な見分け方

NAFTA 北米自由貿易協定
AFTA アセアン自由貿易地域
TPP 環太平洋パートナーシップ協定
FTA 自由貿易協定
EPA 経済連携協定
FTAAP（エフタープ） アジア太平洋自由貿易圏
RCEP 東アジア地域包括的経済連携
日欧EPA 日EU経済連携協定

必ずFTAが入る　　最低でもPが入る

Point

関税の撤廃や軽減をめざすFTAに対して
EPAはより幅広い経済関係の強化をめざします

係の強化をめざすのが「EPA」です。Economic Partnership Agreementの略で、経済連携協定と訳されています。

日本が関わるEPAとしては、これもトランプ政権が離脱を表明して毎日のニュースを賑わした「TPP」（Trans-Pacific Partnership＝環太平洋パートナーシップ協定）が代表的です。

アメリカの離脱後は、合意した11か国の意味で「TPP11（イレブン）」とも呼ばれました。

ほかに日本が関わるEPAには「RCEP」（アールセップ：Regional Comprehensive Economic Partnership＝東アジア地域包括的経済連携）、「**日欧EPA**」（Japan EU EPA＝日EU経済連携協定）などがあります。

これらの例でもわかるように、EPAの名称には必ずパートナーシップの「P」が入っているのが特徴です。

32 貿易が引き起こす「南北問題」「産業の空洞化」とは？

➡ 貿易によって地球の南北の経済格差が縮まらない

自由な貿易は、お互いの国に恩恵をもたらすはずですが、よいことばかりでもありません。

そのひとつが「南北問題」です。ほとんどが地球の北半球に位置する先進国と、南側に多く位置する途上国の経済格差と、そこから生じるさまざまな問題をあらわすことばですが、これにも貿易が深く関係しています。

というのは、各国がそれぞれ得意なモノをつくり、貿易によってそれを交換すればよいというのが「国際分業」の考え方ですが、それによれば途上国は、農産物や原材料、燃料などをつくっていればよい、工業製品は先進国から輸入すればよいことになります。

これでは、途上国の工業化や着実な経済発展はのぞめず、経済格差は広がる一方でしょう。

南北問題は、1950年代から指摘されていた古い問題ですが、現在もその基本的な構図は変わっていません。途上国の国々が、先進国との経済関係の改善を求める動きは続いています。

➡ 自由な貿易がもたらす国内産業の衰退

先進国にとっても、貿易はよいことばかりではありません。そのひとつが「産業の空洞化」です。企業が、労働力が安いなどの理由で生産拠点を海外に移し、国内がカラッポになる、空洞化して産業が衰退することをいいます。

自由な貿易が行なわれているからこその現象といえるでしょう

実際、アメリカでトランプ政権が誕生したときは、ラスト・ベル

南北問題と産業の空洞化の構図

途上国の工業化や経済発展はのぞめず格差は縮まらない

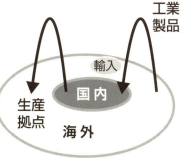

国内に生産拠点はなくなり産業は衰退する

Point

どちらも自由な貿易が行なわれているからこそ引き起こされる問題といえます

トの労働者が支持基盤になったといわれます。

「ラスト・ベルト」とは、アメリカの中西部から北東部にかけて広がる、かつて繁栄した工業地帯ですが、企業が海外に工場を移転した結果、「錆びついた（rust）工業地帯（belt）」と呼ばれるほど経済が悪化しました。

産業の空洞化の一例といえますが、トランプ大統領は保護貿易の政策を掲げたので、ラスト・ベルトの労働者はその政策を歓迎したというわけです。

33

日本の貿易に影響する「円高」「円安」って何？

➡ 円の金額が少なくなるのが円高、多くなるのが円安

ここからは**外国為替**の話に入ります。まずは、日本の貿易に大きく影響する「円高」「円安」について見ておきましょう。

右の図を見てください。はて、どこかで見た…と思った方もいるでしょうが、そのとおり。この図はほとんど、物価を説明した図のコピーです（☞23ページ）。為替がモノの売り買いと同じ、と申しあげた意味がわかっていただけるでしょう（☞20ページ）。

為替相場は、1ドルを何円で買えるかをあらわす金額です。そこでたとえば、円の価値が高くなると、以前は110円支払った1ドルが105円で買えるようになります。これが「**円高**」です。

逆に「**円安**」になると、円が安い＝円の価値が低くなるので、110円で買えた1ドルが115円出さないと買えなくなるというわけです。

➡ 円高で輸出企業はダメージを受け経済はデフレになる

円高は円の価値が高くなるのですから、よいことのように思えますが、実は輸出産業には痛手です。たとえば、1ドルで輸出して円に換えると110円の売上があったものが、円高になっただけで105円の売上に落ちてしまうからです。

かといって、売上を110円に戻すために値上げすれば、今度は売上数量が減るかもしれません。どちらにしても、輸出企業にとって円高は大きなマイナスなのです。

よく聞く話ですが、輸出が多いトヨタは1円の円高で利益が400億円減るといわれています。

このような円高のマイナスによって、日本では、円高になると企

円の金額ではなく円の価値が高く（安く）なる

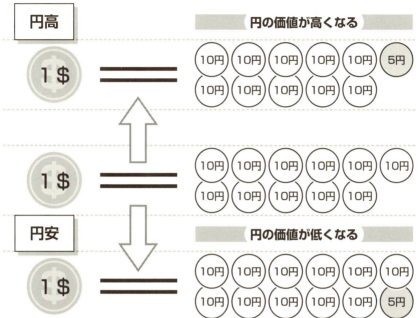

Point

円高で円の価値が以前より高くなると
同じ1ドルが以前より少ない円で買えるようになります

業の海外進出が進みます。現地生産をすれば、円高の影響がないからです。つまり、円高になると産業の空洞化も進みます（☞前項）。

　また、円高で輸入企業は恩恵を受けますが、これもよいことばかりではありません。輸入品の価格が下がる結果、物価が下がってデフレ（☞92ページ）の傾向になるのです。日本の長期にわたるデフレの原因のひとつは、円高だといわれています。

　一方、円安では逆に、輸出企業は恩恵を受け、打撃を受けるのは輸入企業のほうです。

34

日本の円は昔、
1ドル360円だった!?

● 世界の大半の国の為替は「変動相場制」

　日本の円のように、外国為替市場の需要と供給によって為替相場（☞20ページ）が変動するのを**変動相場制**といいます。

　変動相場制は、歴史的には古いものでなく、先進諸国が全面的な変動相場制になったのは1973年のことです。現在では、世界の大半の国が変動相場制になっています。

　もっとも、為替相場があまりにも急激に変動すると、その変動を抑える方向で、国の通貨当局が為替の売買に乗りだすこともあります。これが「**為替介入**」で、日本では財務大臣が判断し、代理として介入するのは日銀です。

　ですから、相場を完全に市場に任せているわけでもありません。

● 現在の変動相場制が形づくられるまで

　では、変動相場制になる前はどうしていたのでしょうか？

　昔の金本位制（☞122ページ）のもとでは、貿易代金の決済などは金（ゴールド）で行なうのが基本でした。為替は、必要なかったわけですね。

　しかし、第2次大戦中の1944年、連合国側の44か国がアメリカの小さな町ブレトンウッズに集まり、戦後の国際通貨体制を決める会議を開きます。このとき、IMF協定（☞86ページ）とともに締結されたのが「**ブレトンウッズ協定**」です。

　その内容は、金との交換が保証されたドルを基軸とし、ドルと各国の通貨の為替レートを固定する「**固定相場制**」でした。この固定相場制は20年以上続き、「ブレトンウッズ体制」と呼ばれます。こ

「ブレトンウッズ体制」が戦後20年以上続いた

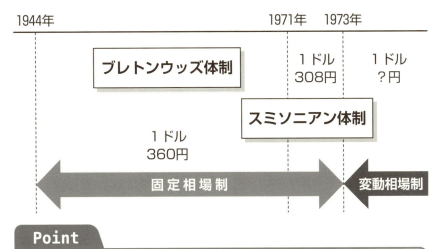

Point

1973年に「スミソニアン体制」が崩壊し
主要国は変動相場制に移行しました

　の時代、日本の円は1ドル360円だったのです。
　しかし71年、財政赤字と国際収支の悪化に苦しんでいたアメリカは、金の準備高以上のドルを発行する必要に迫られ、当時のニクソン大統領が金とドルの交換停止を発表します。これが「**ニクソン・ショック**」と呼ばれるもののひとつです。
　このとき、各国は一時的に変動相場制に移行しますが、同年12月にはワシントンのスミソニアン協会ビルで10か国財務相・中央銀行総裁会議が開かれ、ドルに対して主要通貨を切り上げたうえで、固定相場制に復帰することなどが合意されます。
　これが「**スミソニアン体制**」ですが、この時期、日本の円は360円から切り上げられて1ドル308円でした。
　しかし、73年にアメリカが再びドルを切り下げると、スミソニアン体制は崩壊し、各国は全面的に変動相場制に移行したのです。

35 ニュースで流れる為替相場がドルとユーロであるワケ

▶ 為替相場の基準になるのは「基軸通貨」

　日本のように変動相場制をとる国の通貨は、**為替相場**が時々刻々変動します。そこで日本では、ニュースの最後などにその時点の為替相場（円相場）が流れるわけです。「**為替レート**」と呼んでいる場合もありますが、同じ意味です。

　報道される円相場は、対ドルか、対ドルと対ユーロの場合がほとんどでしょう。これは、ドル、またはドルとユーロが「**基軸通貨**」と考えられているからです。

　基軸通貨とは、為替市場で中心的に扱われる通貨で、英語では「キー・カレンシー」といいます。「**基準通貨**」ともいいますが、これは為替相場の基準として使われているからです。

　基軸通貨は、各国が外貨準備として保有するので「**準備通貨**」ともいいます。「**外貨準備**」とは、為替介入（☞82ページ）や、対外債務の返済などのために、政府や中央銀行が外貨建てで持っておく資産のことです。

　日本は、外貨準備のほとんどを外国の証券、とくにアメリカ財務省証券（アメリカの国債）で持っています。

▶ どの通貨が基軸通貨といえるのだろう

　もっとも、基軸通貨という用語に明確な基準はないので、ドルとユーロだという人もいれば、ドルだけだという人もいて、意見が分かれるところです。

　ちなみに、ユーロは欧州単一通貨と呼ばれ、EUの通貨と説明されることもありますが、EUにはユーロを導入していない加盟国も

「基軸通貨」が為替相場の基準になる

基軸通貨 ＝ キー・カレンシー

為替相場の基準になるから「基準通貨」
各国が外貨準備として保有するから「準備通貨」とも

国際通貨 ＝ ハード・カレンシー

ハードな金貨と交換できたから「ハード・カレンシー」
それ以外の通貨は「ソフト・カレンシー」

Point

どちらの用語にも明確な基準はないので
どれが「基軸通貨」「国際通貨」かは意見が分かれます

多数あります。そこで、ユーロが流通する国々という意味で使うときは、「ユーロ圏」などと呼ぶのが正確です。

➡ 国際的に通用するのが「国際通貨」

基軸通貨とは別に、国際的に通用して決済などにも利用できる通貨を「**国際通貨**」とか「**国際決済通貨**」と呼ぶことがあります。

英語では「**ハード・カレンシー**」といいますが、これは金本位制（☞122ページ）の時代に、ハードな（硬い）金貨と交換できた通貨という意味です。そうでない通貨は「**ソフト・カレンシー**」と呼ばれます。

ユーロは基軸通貨ではないという人も、国際通貨であることは否定しないでしょう。そのほか、日本円、イギリスポンド、スイスフランなどが国際通貨としてあげられます。

36

困った国に対してお金を貸す
IMF「国際通貨基金」

🔶 対外債務が返済できないと「デフォルト」になる

　外貨準備で対外債務の返済ができないと、その国は「デフォルト」になります。デフォルトは、債券の利払いや償還が約束どおりに行なわれないことを意味する用語ですが、国の対外債務、対内債務が返済されないこともデフォルトと呼ぶのです。

　デフォルトは、たえず起きているわけではありませんが、ときどき起こります。アルゼンチンのように、過去5回以上もデフォルトを宣言している国もあるくらいです。

　デフォルトにおちいりそうになった国は、どうしたらいいのでしょうか？

🔶 その前にIMFから融資が受けられる

　対外債務の支払いができそうにない国に対して、融資をしてくれる国際機関があります。それが「IMF」（国際通貨基金）です。

　IMFは、1944年のブレトンウッズ会議で締結された「IMF協定」（☞82ページ）にもとづいて設立され、47年から業務を開始しました。現在では、180以上の国と地域が加盟しています。

　右の図のように、これらの加盟国からの出資と借入れを財源として、融資を行なっているのです。

　まず、**クォータ**というのは、加盟国からIMFに振り込まれる出資金で、融資のための財源の中心になります。

　次にGABは、11の先進諸国、中央銀行から一定額の通貨を、利息を払って借り入れるものです。「取極」という見慣れない用語が使われていますが、これは「とりきめ」と読み、国際機関が国や他

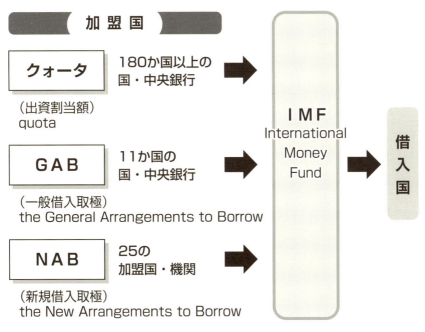

の国際機関と交わした合意のことをいいます。

3番目のNABは、1994年のメキシコ金融危機を契機に新設されたもので、NABが加わることにより借入可能な額は2倍になりました。

借入国への融資の財源は、クォータ、GAB、NABの順で使われますが、IMFによれば2016年時点で、クォータがドル換算で6,000億ドル以上、GBAとNBAを合わせて400億ドル以上になるそうです。

知っとコラム③

「経済のグローバル化」と「関税」

【経済のグローバル化】

　何かが地球規模に拡大、発展することを「**グローバル化**」とか「**グローバリゼーション**」（globalization）といいます。この場合のグローブは、いうまでもなく地球のことです。

　経済のグローバル化は、貿易を通じたモノやサービスの取引に限らず、海外との資本取引、さらに国を越えた労働力の移動などにも広がっています。

　こうした経済のグローバル化が進んだ理由としては、1990年代の初めに東西冷戦が終結し、世界の国々が一部の例外を除いて市場経済（☞28ページ）に移行したことがあげられるでしょう。

　また、コンピュータやインターネットなど、情報通信技術が進歩し、世界に普及したことも拍車をかけています。

【関税】

　国境を通過する輸出入品にかけられる税金が「**関税**」です。通常は、輸入国の政府が輸入品に対して課税します。

　目的は税収と、輸入品の価格を高くすることにより、自国の産業を保護すること。先進国のほとんどは、自国産業保護の目的で関税を設けています。

　WTO（☞74ページ）が唯一、容認している輸入規制の手段ですが、決められた税率を超えた課税や、一方的な税率の引上げは禁止されています。

　そのため、関税の引上げや輸入制限をしようとする国の政府は、これもWTOが認める「安全保障上の問題」を、理由にあげたりします。

4章

「物価」は
どうやって決まるの？

37

「インフレ」って本当はどういうこと？

▶「ハイパー・インフレ」は昔の話ではない

　第1次大戦後のドイツでは、敗戦後のさまざまな混乱から物価がすさまじい勢いで上がり、ついには1兆倍に達したそうです。パン1個が1兆マルクだったという記録が残っています。

　こうした想像もつかない物価の上昇は昔の話、というわけでもなく、アフリカ南部の国ジンバブエでは、2000年代にも起こりました。独立後のさまざまな混乱から物価が急騰し、2008年には100兆ジンバブエドル札が発行されたとか。

　このときのお札は、現在ではおもしろグッズ扱いされていて、日本のネット通販でも数千円程度で買うことができます。ジンバブエドルは廃止されているので、もちろん使うことはできませんが。

▶インフレとは「お金の価値が下がり続ける」こと

　このような、短い期間に急激に起こる物価の上昇＝インフレを「ハイパー・インフレ」といいます。

　そして、ハイパー・インフレほどではなくとも、物価が上がり続けるのがインフレ＝インフレーションです。一時的に上がるのでなく、上がり続けるところがポイントですね。

　というのは、物価のところでお話ししたように（☞22ページ）、物価が上がるということはお金の価値が下がるということです。つまりインフレとは、お金の価値が下がり続ける、いつ終わりがくるのかわからないまま下がり続けるということなのです。

　お金の価値が下がるので、住宅ローンなどがある人は実質的に借金が減ります。その代わり、人に貸したお金や、銀行に貯めたお金

インフレの原因の代表的なものは？

デマンド・プル・インフレ

需要(デマンド)の増加が引き上げる

コスト・プッシュ・インフレ

供給コストの増加が押し上げる

> **Point**
> 好況で需要が増えるとインフレになりますが、
> 景気に関係なくコストの増加でもインフレになります

は実質的に減ってしまいます。

➡ インフレはなぜ起こるの？

　インフレは、経済が**好況のときに起こりやすい**現象です。景気が拡大しているときは、モノやサービスの需要が増えて価格が上がるからです（☞28ページ）。これを「**デマンド・プル・インフレ**」といいます。

　しかし、景気に関係なく物価が上がるインフレもあるのです。たとえば、モノやサービスの原材料の価格が何かの原因で上がると、その分は価格に転嫁されますね。それが原油や穀物など、広範囲に影響するものだと、全般的な物価の上昇につながるわけです。

　このような、供給コストの増加によるインフレは「**コスト・プッシュ・インフレ**」と呼ばれます。

38 景気が悪いと「デフレ」になるのはどうして？

▶「デフレ」で物価が下がると…

インフレとは逆に、物価が下がり続けるのが**デフレ**＝デフレーションです。お金の価値が上がるので、人に貸したお金や銀行に貯めたお金は、実質的に増えます。物価が下がるので、個人は暮らしやすくなったと感じるかもしれませんね。

しかし逆に、銀行から融資を受けている企業は、借金が実質的に増えます。物価が下がった分、売上も落ちることでしょう。物価が下がるのは、経済にとっていいことではないのです。

▶ 景気が後退すると需要が減って物価が下がる

デフレは、原因もインフレと逆です。つまり、景気が後退すると、需要が減って供給が過剰になり、モノやサービスの価格が下がるわけです（☞28ページ）。

ですから通常は、デフレで物価が下がると需要が持ち直し、景気の回復につながります。しかし、必ず景気回復につながるとは限りません。何かの要因が働くと、物価が下がっても需要が増えないことがあるからです。

たとえば、バブル崩壊後の日本では、株価と地価の暴落によって企業と個人がぼう大な含み損を抱えました。株や土地を売らなければ実際の損は出ないのですが、この資産の含み損が企業の設備投資や個人の消費を抑え、需要が増えなかったのです。

このようなデフレを「**資産デフレ**」といいます。

また、為替相場の円高もデフレの原因のひとつです。輸入品の価格が下がることによって、物価を全体に押し下げるからです（☞80

デフレが止まらないと悪循環におちいることも

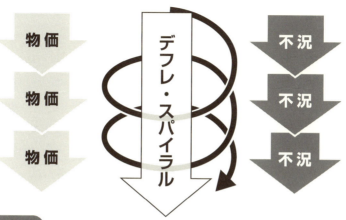

Point

デフレが景気を悪化させ、その不況がデフレを進めて悪循環が止まらなくなります

ページ)。

→ デフレがデフレを呼ぶ「デフレ・スパイラル」

　どこかの時点でデフレが止まらないと、経済はさらに深刻な状況になります。物価の下落で企業の売上は落ち、収益は悪化しますから、企業は設備投資や賃金の抑制に乗りだすでしょう。
　すると、企業の投資が減り、個人の消費も減るので、景気はさらに後退し、需要はさらに減少することになります。つまり、需要が減って価格が下がる＝デフレが進むのです。
　そうなると、企業の売上はさらに落ちるので、再び設備投資や賃金の抑制が行なわれ…という悪循環におちいってしまいます。
　このような悪循環が「**デフレ・スパイラル**」です。スパイラルとは、悪循環をあらわすらせんを意味します。

39 デフレで逆に消費を増やす「資産効果」とは？

▶ 資産が多いほど消費が増える

　前項で、デフレになると銀行預金は実質的に増えるという話をしました。経済学では、所得が同じならば、持っている資産が多いほど消費が増えるという考え方があります。

　平たくいうと、収入が増えなくても、お金持ちになるほど多く消費するということですね。

　ということは、デフレで預金という資産が実質的に増えると、預金を持っている人は消費が増えることになります。これが、経済学でいうところの「**資産効果**」です。イギリスの経済学者アーサー・セシル・ピグーが提唱したので「**ピグー効果**」ともいいます。

　資産効果は、資産が増えることがポイントです。ですから、景気がよいときにもあらわれます。たとえば、持っている土地や株式の地価・株価が上がっても、資産が増え、消費が増えるわけです。

▶ 所得が増えても消費が増える、代替品も消費が増える

　よく、資産効果と並べて説明されるものに「**価格効果**」があります。こちらは、価格の上がり・下がりが消費にどう影響するかを説明するもので、具体的には「**所得効果**」と「**代替効果**」の2つです。

　所得効果は、実質的な所得が増えると消費が増えるという考え方をします。給料が増えると消費を増やすというわけですが、実質的な所得が増えればいいので、モノやサービスの価格が下がったときにも効果があらわれます。

　たとえば、半額セールをしていると、ふだん1つ買うものを2つ買うといった具合です。

３つの効果で消費が増える

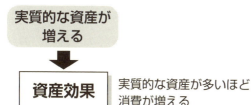

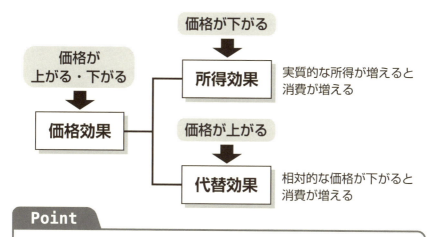

Point

実質的な資産、所得が増え、相対的な価格が下がると消費が増えます

　一方、代替効果は、所得が変わらず、モノやサービスの価格が上がったときに、別のモノに代替して同じ満足を得ようとする行動をいいます。

　たとえば、ふだん買っていたものが値上げをすると、値上げをしていない他社の代替品に替えてしまうことがあります。これは、代替品の価格が変わっていなくても、値上げをした商品に比べて、相対的に価格が下がっているからなのです。

　代替品の消費は、増えることになるでしょう。

40 景気が悪くても物価が上がる「スタグフレーション」

ふつうは物価が下がると景気回復だが…

ここまで見てきたように、景気がよいと物価が上がる＝インフレ、悪いと物価が下がる＝デフレというのが通常の形です。

そして、物価が上がり過ぎると需要が減る＝景気後退、景気が後退すると、物価が下がり需要が増える＝景気拡大となって繰り返します。

しかしこれは、インフレの原因がデマンド・プル・インフレ（☞91ページ）だけの場合です。インフレの原因にコスト・プッシュ・インフレなどが含まれる場合は、このとおりにならず、物価が上がっても景気が停滞することがあります。

これが、「スタグフレーション」と呼ばれるものです。

景気停滞でも物価が上がり続けることがある

このスタグフレーションという用語は、景気停滞を意味する「スタグネーション」と、物価上昇のインフレーションを組み合わせています。

スタグフレーションは、景気の停滞で賃金は上がらないのに、物価は上がり続けるという、家計にとって苦しい状況です。企業も、売上が伸びないのに、原材料コストなどが上昇して値上げを迫られるなど、厳しい状況になります。

実際、1970年代の第1次オイル・ショックでは、原油価格が高騰し、そのコスト・プッシュ・インフレによって、スタグフレーションが世界的な現象になりました。

スタグフレーションで景気と物価はこうなる

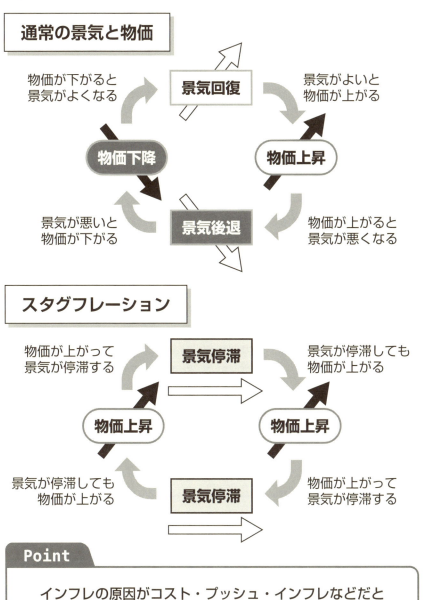

> **Point**
>
> インフレの原因がコスト・プッシュ・インフレなどだと景気停滞でも物価が下がらないことになります

41

「インフレ・ターゲット」ってどうしても必要なの？

● 中央銀行がインフレ率のターゲットを定める

　スタグフレーションは論外としても、景気との関係を考えるとデフレやインフレ率（物価上昇率）0パーセントは好ましくありません。かといって、急激なインフレも困ります。

　結局、前にもふれたように（☞22ページ）、緩やかなインフレが最も好ましいことになりますが、これを実現するための金融政策のひとつが「インフレ・ターゲット」です。

　中央銀行がインフレ率の目標を定め、市中のお金の量を調節するなどして、目標に近づける政策をとります。具体的には、中央銀行による国債等の債券の買入れなどで、市中のお金の量を調節するのです（☞138ページ）。

　海外では、すでに数十か国が導入しており、珍しくない政策になっています。

　ただ、過去の例では高すぎるインフレ率を抑えるために、インフレ・ターゲットを導入するものがほとんどで、低いインフレ率を上げるために、これを利用する例が見られるようになったのは、近年のことです。

　一説によれば、深刻なデフレ対策としてインフレ・ターゲットを導入したのは、日本が世界で初めてだとか。

● 日本のインフレ・ターゲットは「物価安定の目標」

　日本では、2000年頃からデフレ脱却のための導入が論議され始めましたが、金融政策を担う日銀は当初、否定的でした。右の図にあげたようなデメリットがあるうえ、デフレ脱却のために市中のお金

インフレ・ターゲットのメリット、デメリット

インフレ・ターゲット

メリット
- 物価の安定が数値化されインフレ率の目標が明確になる
- 家計や企業のインフレ期待が高まり、消費者の買い急ぎや設備投資の前倒しが起こる

デメリット
- いったん導入すると、インフレが発生したときに抑えることがむずかしい
- 物価だけが上昇するスタグフレーションになる恐れがある

Point
日本でもインフレ・ターゲットが定められましたが、目標の達成にはもうしばらく時間がかかりそうです

を増やすことには、副作用が多かったからです。

　一方、導入に賛成する政府与党は図のようなメリットをあげ、結局、日銀は2012年に「中長期的な物価安定の目途」として当面1パーセントを表明、さらに13年には「物価安定の目標」として、2パーセントをインフレ・ターゲットに定めるに至りました。

　しかし、インフレ・ターゲット2パーセントが表明されても、メリットにあるような買い急ぎや前倒しは起こらず、インフレ率が2パーセントに達したことも18年現在ありません。

　日銀は、目標の達成時期を何度も先延ばしする事態に追い込まれています。

　日銀による物価の見通しは、20年まで2パーセント未満とされているので、目標達成にはまだしばらく時間がかかりそうです。

42

物価の高い・安いはどこで見ているの？

➡ インフレ率は「物価指数」の変動から計算している

物価安定の目標などで使われる「**インフレ率**」（物価上昇率）は、どのように計算するのでしょうか？

インフレ率とは、前月や前年と比べた物価上昇の割合のことです。右の図のような「**物価指数**」の変動から計算されています。

このうち、「物価安定の目標」とされているのは、消費者物価指数の前年比上昇率2パーセントです。

➡ 消費者向けと企業向けで3つの物価指数がある

物価指数のうち、最もなじみ深いのは「**消費者物価指数**」でしょう。家計が消費する500品目以上のモノやサービスの価格変動をもとに計算され、価格変動が激しい生鮮食品を除いた指数や、さらにエネルギーを除いた指数も発表されています。

次に、「**企業物価指数**」は、以前「卸売物価指数」と呼ばれていたものです。「国内企業物価指数」「輸出物価指数」「輸入物価指数」の、3種類の基本分類指数があります。

一方「**企業向けサービス価格指数**」は、金融、保険、不動産賃貸、運輸、情報通信、広告、リース、レンタルといったサービスの価格を対象にした物価指数です。

➡ GDPデフレーターって何のこと？

「GDPデフレーター」については、少し説明が必要でしょう。

これは、名目GDPから実質GDP（☞15ページ）を求めるときに使う指標で、日銀が数学的な方法で計算しています。また逆に、

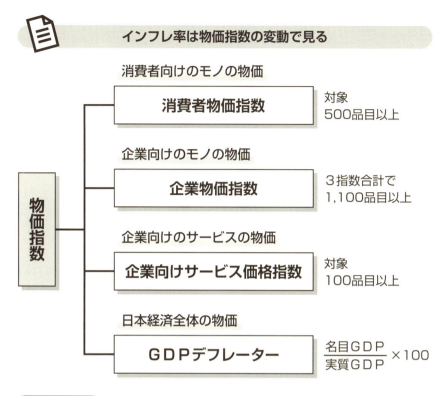

日銀が発表した名目GDPを実質GDPで割り、指数化のために100を掛けて求めることもできます。

面倒な説明は省きますが、要するに名目GDPと実質GDPの比率です。そして、名目GDPと実績GDPの差は物価変動の影響ですから、GDPデフレーター自体も物価指数になるのです。

GDPデフレーターがプラスなら物価上昇、マイナスなら物価下落になり、数値が大きいほど上昇、下落の幅が大きいことをあらわします。

知っとコラム ④ インフレ、デフレ、「リフレ」

　物価の変動というと、「**インフレ**」（インフレーション：inflation＝通貨膨張）と「**デフレ**」（デフレーション：deflation＝通貨収縮）がすぐに思い浮かびますが、実はその間に「**リフレーション**」（**リフレ**）というものがあります。reflation＝通貨再膨張です。
　リフレーションでは、物価は緩やかなインフレになります。デフレは脱したが、まだインフレにはなっていないという状態がリフレーションなのです。

　ここから「リフレ派」という用語も生まれました。
　リフレ派は、政府・日銀が緩やかなインフレ・ターゲットを定め、長期国債を発行して、それを日銀が一定期間、無制限に買い上げることを主張しています。
　それによって通貨供給量を増加させ、不況から抜け出せるというわけです。
　いまでもときどき、新聞などに「リフレ派」ということばが載ります。覚えておきましょう。

5章

「金融経済」ってどんな経済？

43

「直接金融」と「間接金融」はどこが違うの？

🔸 銀行の預金にはキャピタル・ゲインがない

「利回り」ということばを、聞いたことがあるでしょう。

たとえば、国債などの債券は市場価格が変動するので、利子のほかに売買差益（損）などが発生することがあります。その場合、投資した元本に対する利益の割合は、利子だけでも、売買差益だけでも計算できません。

そこで、利子と売買差益を合計して、利益の割合を計算するのです。これを「利回り」といいます。

計算式にすると、「（利子＋売買差益）÷投資元本」で求められるのが利回りです。実際は、1年当たりの年利回りを計算したり、手数料や税金を計算に入れたり、100を掛けないとパーセントになりませんが、基本的な考え方はこの式のようになります。

一方、同じ投資元本を銀行に預金した場合は、利息の利率がそのまま利益の割合です。両者の違いは、売買差益＝キャピタル・ゲイン（☞62ページ）のある・なしですが、なぜ、銀行の預金にはキャピタル・ゲインがないのでしょうか？

🔸 金融には「直接金融」と「間接金融」がある

銀行は、預かった預金を企業に融資したり、国債や株式に投資したりしてキャピタル・ゲインを得ています。ですから、結局は預金者が直接、国債を買ったりするのと同じことなのですが、銀行は決まった利息以外に預金者に収益を分けることはしません。

その代わり、キャピタル・ロス＝売買差損などが出た場合にも、銀行が負担します。リスクをとっているわけですね。

第三者を間に入れるか、直接投資するか

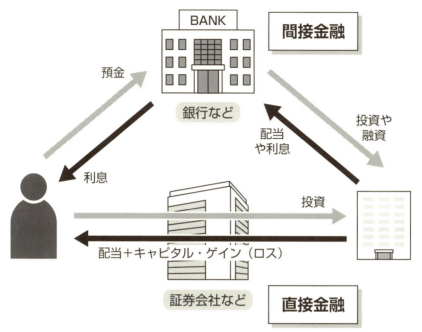

> **Point**
>
> 銀行はキャピタル・ロスのリスクをとりますが、
> 証券会社などは仲介するだけでリスクをとりません

　このように、お金を出す人と借りたい人の間に、銀行などの第三者が入る金融を「**間接金融**」といいます。言い換えると、お金を融通したい人が融通してもらいたい人に、間接的に融通する金融です。

　直接、株や債券に投資するのは「**直接金融**」といいます。直接金融では、リスクとリターンは投資する人が直接、負うのです。

　ちなみに、投資信託は間接的に投資しているように見えますが、元本割れのリスクと、運用報酬などを差し引いたリターンは、投資信託を買った人にあります。ですから、やはり直接金融です。

44 もともとの金融から派生した「デリバティブ」

▶ デリバティブには必ず元の金融商品がある

　預金や株式、債券、それに投資信託や保険、年金などのことを「**金融商品**」といいます。株など買ったことがなく、全部銀行預金という人も「金融商品を買っている」といっていいわけですね。

　こうしたもともとの金融商品から、分派して生まれた＝派生した金融商品もあります。「**金融派生商品**」すなわち「**デリバティブ**」です。デリバティブでは、元の金融商品の"売買する約束""売買する権利""交換"などを取引します。

　ですから、デリバティブには必ず、元になる金融商品があるのです。商品、金利、通貨、為替、株価などですが、これらをデリバティブの「**原資産**」と呼びます。

▶ デリバティブの目的のひとつはリスクヘッジ

　デリバティブの取引には、大きく分けて右の図の３つがあります。「**先物取引**」は簡単にいうと"将来売買する約束"を、「**オプション取引**」は"将来売買する権利"を、いま取引するものです。「**スワップ取引**」では、"将来にわたる交換"をいま取引します。

　なぜ、このような取引をするかというと、ひとつには元の金融商品のリスク回避＝リスクヘッジです。金融商品には必ず、価格変動などのリスクがありますが、デリバティブを利用することによって、このリスクを減らすことができるのです。

　たとえば、ある商品が将来値上がりして買えなくなると思ったら、いまの価格で先物取引をしておけば、値上がりのリスクをヘッジすることができます。売る側は、将来値下がりすると思えば、この取

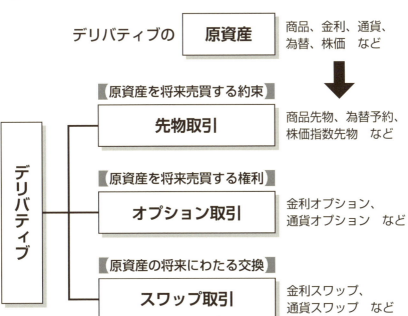

引に応じるでしょう。

　これをオプション取引にしておけば、値上がりや値下がりをしなかった場合にも、権利を放棄するだけで済みます。

　またたとえば、ドル建ての債券を購入した場合などは、スワップ取引で円の利息、元本と交換しておけば、為替変動リスクをヘッジして、安全に利息、元本を受け取ることができるわけです。

　実際、外国為替市場で行なわれる取引のうち、約6割はこのような為替スワップ取引だといわれています（☞21ページ）。

45

デリバティブを駆使する「ヘッジファンド」とは

● ヘッジファンドは富裕層などから直接、資金を集める

　「ヘッジファンド」は、アメリカで生まれた特殊な形の投資集団です。その名は、デリバティブなどを駆使してリスクヘッジをするところからきています。

　一種の投資信託のようなものですが、一般の投資信託が公募であるのに対して、ヘッジファンドは私募です。富裕層や機関投資家（☞120ページ）から直接、巨額の資金を集めて運用しているのです。

　近年は、あまりニュースなどで取り上げられる機会が少なくなりました。にも関わらずここで取り上げたのは、1国の為替の制度がヘッジファンドに変えさせられた話を紹介したかったからです。

● 利益のために「通貨危機」を引き起こしたヘッジファンド

　1992年のイギリスでは、ユーロ導入に向けてEU各国との為替相場を一定範囲に収める、一種の固定相場制（☞82ページ）がとられていました。

　その相場が過大評価だと考えたのが、アメリカの有名な投資家ジョージ・ソロス氏率いるヘッジファンド、クウォンタム・ファンドです。92年秋、クウォンタム・ファンドは大規模なポンド売りマルク買いのカラ売り（☞120ページ）を仕掛けます。

　イギリスの通貨当局は、もちろん買い支えに走りますが、巨額の資金を用意したクウォンタム・ファンドのポンド売りは止まりません。9月15日、ついに固定の範囲プラス・マイナス2.25パーセントを超えてしまいます。

　翌9月16日、イングランド銀行は為替介入に加えて、1日に二度

通貨のカラ売りで利益を得るしくみ

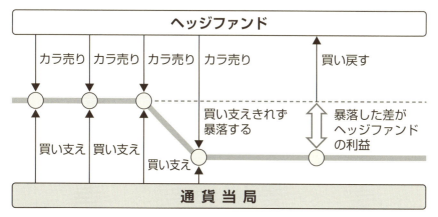

Point

「通貨危機」と呼ばれますが、
ヘッジファンドの目的は通貨危機ではなく自己の利益です

の公定歩合（☞134ページ）引上げを発表しますが、関係のない市場関係者がポンド売りに同調したこともあって、ポンドの下落は止まりません。イギリスは、数時間後に買い支えを諦めます。

　この日は後に、「ブラック・ウェンズデー」と呼ばれることになりました。翌17日、イギリスは変動相場制に移行したのです。

　このような事態は「**通貨危機**」と呼ばれ、92年の事件は「**ポンド危機**」と呼ばれています。実は97年にも、別のヘッジファンドが「アジア通貨危機」を引き起こしていますが（☞150ページ）、ヘッジファンドの目的は通貨危機ではありません。

　通貨のカラ売りを仕掛け、通貨当局が買い支えられなくなった後に、暴落した通貨を買い戻して利益を売ることです。ポンド危機では、クウォンタム・ファンドは10億から20億ドルの利益を得たといわれています。

46

金融危機＝「リーマン・ショック」って何だったの？

➡ リーマン・ショックの前段階「サブプライムローン危機」

　前項で通貨危機の話が出たので、「**金融危機**」の話もしておきましょう。2008年の「**リーマン・ショック**」のことです。まだ、記憶に新しいという人もいるでしょう。

　リーマン・ショックに至る過程には、アメリカの住宅ローンの急拡大と、住宅バブルの崩壊がありました。この時期は、その住宅ローンの名前から「**サブプライムローン危機**」とも呼ばれます。

　サブプライムローンは、もともと信用力の低い人向けのローンでしたが、その金利の高さから「証券化」という金融技術を使って、世界中の金融機関に販売されたのです。

　そして、住宅バブルは崩壊。しかし、不良債権と化したサブプライムローンは世界中に広がっていて、誰が持っているかわかりません。世界中の金融機関が疑心暗鬼になり、貸し渋りや貸し剥がしが蔓延。健全な会社でも、資金を借りられない状況になりました。

　このような、資金が借りられない状況を「**信用収縮**」といいます。この世界的な信用収縮が、リーマン・ショックにつながるのです。

➡ そしてニューヨーク株価は史上最大級の777ドル安に

　リーマン・ショックという名前は、アメリカの大手投資銀行グループ、リーマン・ブラザーズの破綻からきています。しかし、リーマン・ブラザーズの破綻以前から、アメリカではサブプライムローンに関係する大手金融機関の事実上の破綻が続いていました。

　そして08年9月15日、リーマン・ブラザーズが破綻。その後も、アメリカの大手金融機関の事実上の破綻は続き、9月29日、議会が

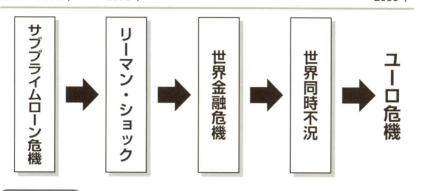

リーマン・ショックは世界同時不況への一過程だった

2006〜2007年　2008年〜　　　　　　　　　　　　　2009年

サブプライムローン危機 → リーマン・ショック → 世界金融危機 → 世界同時不況 → ユーロ危機

Point

世界金融危機、世界同時不況を経て
ユーロ危機にまで影響は及びました

救済法案を否決したのを受けて、ダウ平均株価は史上最大級の下げ幅777ドル安を記録します。

➡ 世界は「世界金融危機」から「世界同時不況」へ

　ヨーロッパでも大手金融機関の破綻などが相次ぎ、「**世界金融危機**」と呼ばれました。

　一方、日本などは直接の影響は少なかったものの、アメリカ市場への輸出を中心にしてきた世界中の製造業が打撃を受けることになります。

　実体経済にまで影響が及んだので、この時期「**世界同時不況**」という用語も使われるようになりました。

　その影響は、09年のギリシャの財政赤字発覚に端を発した欧州債務危機、いわゆる「**ユーロ危機**」につながり、ポルトガル、スペインなど5か国がIMFの支援を受ける事態にまで発展します。

47

「フィンテック」は金融をどう変えるの？

▶ リーマン・ショックがフィンテックを発展させた⁉

　リーマン・ショックは世界の景気を後退させましたが、リーマン・ショックによって発展した分野もあります。それは「フィンテック」です。

　その名のとおり、ファイナンス（金融）とテクノロジー（技術、とくにIT技術）を組み合わせた新しい技術やサービス、ビジネスのことで、現在では日本の新聞などでも当たり前に紹介されるようになっています。

　このフィンテックがアメリカで発展したのは、リーマン・ショックのおかげだといわれているのです。

　ひとつには、リーマン・ショックによって金融業界を去った人、追われた人がIT業界に移り、新しいサービスやビジネスを起ち上げたという点で。実際、アメリカのフィンテック企業は、"スタートアップ"と呼ばれるベンチャーがほとんどです。

　もうひとつには、リーマン・ショック後の貸し渋りなどで、既存の金融機関に対する不信感、不満がつのり、新しい金融サービスが人々に歓迎されたという側面も指摘されています。

▶ フィンテックで日本のキャッシュレス化は進むか？

　日本でも、ネットを通じて小口の支援を集める「クラウド・ファンディング」、口座の入出金明細を自動で集めて管理してくれる「家計簿アプリ」などが広まってきましたが、これらもフィンテックの一分野です。

　また日本では、リーマン・ショックによって金融業界から人材が

リーマン・ショックでフィンテックが発展したワケ

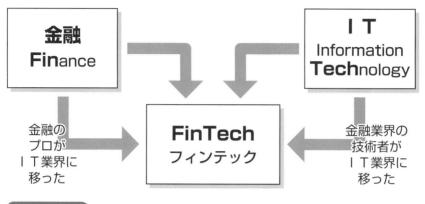

Point
リーマン・ショック後の貸し渋りなどに失望した人々が
新しい金融サービスを歓迎したともいわれます

流出するような事態がなかったので、スタートアップのほか、大手金融機関もフィンテックの研究開発に取り組んでいます。

大手金融機関がとくに注目する分野は、スマホアプリの質問に答えると資産運用をしてくれる「ロボアドバイザー」、スマホアプリで簡単にできる決済システムなどです。

とくに決済は、もともと金融が持つ重要な機能でした。しかし、日本では現金決済の比率が高く、キャッシュレス化が課題といわれていたのです。クレジットカードや、おサイフケータイではあまり進まなかったキャッシュレス化が、フィンテックによって進むかもしれません。

「仮想通貨」もフィンテックの一分野ですが、大手金融機関は仮想通貨そのもののほかに、その技術を利用した低コストの送金システムなどを研究しており、すでに実証実験が終わっているものもあります（☞次項）。

48

「仮想通貨」の登場は金融にどう影響するの？

▶ 大手金融機関が仮想通貨を発行する

　大手金融機関による「仮想通貨」の利用には、大きく分けて2つの方向があります。

　ひとつは、仮想通貨そのものを金融機関が発行するもので、この方向で先行しているのは三菱ＵＦＪフィナンシャルグループです。

　そのまま「MUFGコイン」と名づけた仮想通貨が、行員による実証実験を終え、この原稿を書いている時点で顧客の一部を対象にした大規模なテストを行なう段階に入っています。

　これが実用化すると、スマホのアプリを使ってコインの送金や、買い物の代金をコインで支払うことが可能になるはずです。コインのやりとりには手数料がかからないので、どちらも無料でできることになります。

　ちなみに、一般の仮想通貨は現金に対する相場が変動するので、投資の対象になってしまいますが、MUFGコインは1円＝1MUFGコインの固定相場制です。投資の対象にはできませんね。

▶ 低コスト、低料金の送金システムができる

　もうひとつの方向は、仮想通貨の基幹技術である「ブロックチェーン」を利用して、低コストの送金システムをつくろうというものです。

　ブロックチェーンは、複数のコンピュータで取引台帳を共有するしくみで、取引の記録（ブロック）を鎖（チェーン）のようにつないで記録することから、この名前がついています。

　ブロックチェーンによるシステムは、システム内の一部のコンピ

仮想通貨やその技術を利用するメリット

利用者

- 送金の手数料が安い、または手数料無料
- スマホのアプリで送金や代金の支払いができる
- 原則として365日24時間の利用が可能
- 仮想通貨でも価格変動のリスクがない

銀行

- ホスト・コンピュータが不要で低コスト
- 銀行間の送金にかかるコストも大きく軽減する
- 現金の輸送や保管などにかかるコストが軽減できる
- 現在のATM網を縮小してコストを削減できる

Point

利用者には手数料の引下げや無料化、
銀行にはコストの削減が最大のメリットといえるでしょう

ュータに障害が起きてもダウンしない、データの改ざんがきわめてむずかしい、ホスト・コンピュータがいらないので低コスト、などが特長です。

現在の銀行間の送金に利用されている「全国銀行データ通信システム」は、システムの維持管理にぼう大なコストがかかるのです。

このブロックチェーンの技術を使った送金システムは、国内60以上の銀行が参加する銀行連合が、サービスの開始を発表しています。アプリもすでに発表されているので、この本が読まれる頃にはダウンロードできるようになっているかもしれません。

これが実現すると、銀行ATMでは数百円かかる手数料が、10分の1程度に下がる可能性があります。規模の小さい銀行のなかには、手数料無料のアップルペイやラインペイに対抗して、無料を売りにするところも出てきそうです。

49

実は財務相・中央銀行総裁会議が中心の「G20」

▶ G20サミットだけがG20ではない

　国際金融の話に戻りましょう。

　世界的に重要な経済・金融の問題について、年に数回開かれる重大な会議があります。「G20」（ジー・トエンティ）です。

　というと、「G20サミット」（首脳会議）が思い浮かぶかもしれませんが、G20サミットの開催は原則として年1回になっています。年に数回開かれるのは、「G20財務相・中央銀行総裁会議」のほうです。

　そして、単にG20といったときは、20の国のことか、あるいは財務相・中央銀行総裁会議のことを指すのが通例になっています。

　20の国とは、右の図のように、アメリカ、日本、ドイツなどの先進7か国に加えて、中国やロシア、ブラジルなど12の新興国、それにEUのことです。G20では、これらの国々の財務相と中央銀行総裁が一堂に会して、経済と金融の諸問題を話し合います。

▶ 歴史の節目に登場する「財務相・中央銀行総裁会議」

　G20は、1997年のアジア通貨危機（☞150ページ）をきっかけに、99年から始まりました。国際的な金融危機（☞110ページ）に対しては、G7だけで対応できないことが明らかになったからです。

　「G7」（ジー・セブン）とは、右の図の先進7か国、または「先進7か国財務相・中央銀行総裁会議」のことをいいます。首脳会議は「G7サミット」です。

　実は、この財務相・中央銀行総裁会議という枠組みは歴史が古く、1971年にスミソニアン体制への移行を決めて、変動相場制への足が

G20、G7とはどんな国々？

Point

単に「G20」「G7」といったときは、これらの国か財務相・中央銀行総裁会議のことです

かりになった会議も、当時の「G10財務相・中央銀行総裁会議」でした。「G10」は、現在のG7にオランダ、ベルギー、スウェーデンを加えたIMF（☞86ページ）加盟の主要10か国です。

また、日本のバブルの発端になったといわれる85年の「プラザ合意」（☞66ページ）も、当時のG5（日米英独仏）財務相・中央銀行総裁会議でなされた合意でした。

財務相・中央銀行総裁会議は、経済・金融の歴史の節目に登場する会議なのです。

50 なぜ中国は「AIIB」をつくったの？

🔴 アジアにはすでによく似た銀行があるのに…

　近年の国際金融の出来事としては、2015年に大きな動きがありました。中国主導による国際金融機関「**アジアインフラ投資銀行**」（Asian Infrastructure Investment Bank＝ＡＩＩＢ）の発足です。

　13年に習近平国家主席が創設を提唱していたもので、アジアの発展途上国に融資し、道路、鉄道、学校、電気、水道などのインフラを整備することを目的にしています。

　しかしアジアには、66年に設立された「**アジア開発銀行**」（Asian Development Bank＝ＡＤＢ）がすでにあり、長い実績を誇っているのです。中国はなぜ、よく似た国際金融機関をつくったのでしょうか？

　実はＡＤＢは、日本の主導で設立された機関です。歴代の総裁も、すべて日本から出ています。最大の出資国は日本とアメリカで、中国も第３位の出資国ですが発言権は強くありません。

　こうしたＡＤＢへの不満に加えて、世界第２位の経済大国になった中国が、アジア地域の経済・金融の面で主導権を発揮したいという思いもあったでしょう。

🔴 融資する一方で中国企業を現地に進出させたい

　実際、構想の当初に参加を表明したのは、融資を受けるアジア諸国がほとんどで、先進国は一部にとどまっていました。

　その後、発足の年の３月にイギリスが参加を表明し、ドイツ、フランス、イタリアが続きましたが、これには中国の強い働きかけがあったといわれています。

ＡＤＢとＡＩＩＢを比べてみると

名称	アジア開発銀行	アジアインフラ投資銀行
設立	1966年12月	2015年12月
本部	フィリピン・マニラ	中国・北京
参加国数	67の国と地域	80以上の国と地域
資本金	1,650億ドル	1,000億ドル
総裁	日本から	中国から

Point

ＡＤＢとＡＩＩＢが名前も規模も内容も
よく似た国際金融機関であることがわかります

　もっとも、地理的に遠いヨーロッパ諸国は、もともと中国に対する警戒感が日本やアメリカより薄く、またＡＩＩＢへの参加が、自国企業のアジア市場でのビジネス拡大のために、有利になるという思惑もあったようです。

　その点は中国も同じで、中国主導で融資を決定する一方で、そのインフラ整備のために、中国企業を現地に進出させることを狙っていることは間違いありません。

　ＡＤＢの問題点のひとつとして、中国は、開発のコストが高いことをあげていますが、これは裏を返せば、中国企業ならもっと安くつくれるといっているのと同じです。

　このように、いろいろな思惑が交錯するなかでスタートしたＡＩＩＢですが、その後、創設時の57か国から参加国を増やし、ＡＤＢを超える80以上の国と地域に拡大しています。

知っとコラム⑤ 「時価総額」「カラ売り」「機関投資家」

【時価総額】

「**時価総額**」とは、会社の株価に発行済み株式総数を掛けたものです。

正式には「**株式時価総額**」といい、会社の価値をあらわす指標のひとつになっています。東証株価指数のように、その市場に上場している銘柄の時価総額を合計すると、株式相場の加熱度などを測る指標になります。

【カラ売り】

「**カラ売り**」は「空売り」とも書き、通貨や株を借りて売ることです。通常の売りとは反対に、為替相場や株価が高いときにカラ売りし、下がったら買い戻します。

先に高いときに売り、後で安く買い戻すので利益が出るわけです。カラ売りに対して、通常の売りは「現物売り」といいます。

【機関投資家】

大量の資金を使って、大規模な株や債券、為替などの売買、運用を行なう組織（機関）を「**機関投資家**」と呼びます。生命保険会社、損害保険会社、信託銀行、銀行、信用金庫、年金基金など、顧客から預かった資金を運用する法人です。

機関投資家は、運用する資金の額が大きく、1回当たりの売買額も大きいため、市場に対して大きな影響力を持っています。

6章

「金融政策」「財政政策」って何？

51 むかし「金本位制」、いま「管理通貨制度」

➡ むかし、世界のお金は金本位制だった

　学校で習ったと思いますが、第1次大戦頃まで世界のお金（貨幣）は、「**金本位制**」（または金本位制度）のもとで発行されていました。

　たとえば、日本で1897年（明治30年）に制定された貨幣法という法律には、次のような意味の条文が記されています（原文は漢字とカタカナによる文語体）。

　「純金の量目2分（0.2匁、後に750ミリグラムと改正）を価格の単位とし、これを円と称する」

　金の重さが基準で、お金の単位もそれで決まっていたんですね。「本位」とは、基準のことなのです。自己中心的な人のことを「自分本位の人」といったりするでしょう？

➡ いま、お金は政策的に管理するものになった

　金本位制では、金が基準となるお金ですから、紙のお札を刷っても金と交換できなくてはなりません。つまり、国の中央銀行が持っている金の分しか、お金を発行できないのです。

　そこで、第1次大戦と世界恐慌によって大量のお金が必要になったのを機に、各国の政府は金本位制から離脱します。紙のお札と金の交換はやめ、国が必要とするお金を発行することにしたわけです。

　金の裏づけがなくなったら、お金の価値は何で保証されるのでしょうか？　簡単にいうとそれは、お金を発行した国の"信用"です。

　私たちも、1万円札の価値を疑うことなく使っていますが、それは"1万円札が急に紙くずになることはない"という程度に、日本という国を信用しているからでしょう。

金本位制と管理通貨制度はどこが違う？

管理通貨制度

政策の目標
- 物価の安定
- 経済の成長
- 雇用の改善
- etc.

政策に応じて…

Point

管理通貨制度では政策の目標に合わせて
通貨の発行を操作、調節して管理することができます

とはいえ、金本位制を離脱した直後は、急に金の保証がなくなったわけですから、各国のお金は不安定になります。

そこで、通貨をむやみに発行するのでなく、物価の安定や経済の成長、雇用の改善などの目標に応じて、通貨当局が政策的に通貨を管理することが各国の金融政策（☞30ページ）になったのです。

このような通貨の制度を、「**管理通貨制度**」といいます。

ちなみに、貨幣を通貨とも呼ぶのは、法律によって「強制通用力」を与えられた貨幣という意味です（☞34ページ）。

52

お札を刷るだけではない日銀の役割って何？

▶ 日本銀行も"銀行"の業務をする

　管理通貨制度のもとで、金融政策を担うのは各国の中央銀行です。日本では、**日銀**＝日本銀行が中央銀行である、と日本銀行法に定められています。

　中央銀行の役割は国によって違いますが、日銀の場合は金融政策を考えているだけではありません。日本"銀行"ですから、銀行の役割も果たしています。

　第一に、「**発券銀行**」として紙幣＝「日本銀行券」を発行すること。硬貨のほうは国が発行していますが、これは造幣局が製造したものが日銀に交付されるしくみです。

　第二に、「**政府の銀行**」。国民が納めた税金を預金として預かったり、国債の発行事務を行なったりします。

　第三には、「**日銀ネット**」（日本銀行金融ネットワークシステム）を使って、オンラインで民間の銀行間の決済を行なったりします。民間の銀行から当座預金も預かるし、必要なら貸出しもするという、銀行にとっての銀行、「銀行の銀行」の役割です。

▶ 目的は物価と金融システムの安定

　このように、民間の銀行間の決済を一手に引き受けたり、日本で唯一、強制通用力（☞34ページ）のある通貨を発行できたり、後で説明する日銀特融を行なうということは、日銀だけが、日本の金融システムの安定に必要な手段を持っているということです。

　そこで日銀は、物価の安定（☞22ページ）とともに、「金融システムの安定」を日銀の目的として掲げています。ここから日銀は、

銀行として3つの役割を果たしている

銀行としての役割
- 発券銀行
- 政府の銀行
- 銀行の銀行

日銀の目的
- 物価の安定
- 金融システムの安定

もうひとつの役割
- 最後の貸し手

> **Point**
> 資金不足におちいった金融機関に対して
> 無利息、無担保で行なうのが「日銀特融」です

「物価の番人」「通貨の番人」と呼ばれているわけですね（☞30ページ）。

３番目の呼び名は「最後の貸し手」

　そして、日銀の３番目の呼び名が「最後の貸し手」。金融機関が一時的な資金不足におちいったが、どこも貸してくれるところがないときには、日銀が無利息、無担保の緊急融資を行なうのです。
　これを特別融資＝「**日銀特融**」といいます。

53

日銀が毎月発表する「マネーストック」とは？

● マネーストックのM1、M2、M3とは

　管理通貨制度では、通貨の発行を操作、調節して管理できるといいました（☞123ページ）。ということは、逆に市中に出回っている通貨の量を見れば、経済がどんな状態にあるのか、わかるはずです。

　といっても実は、通貨にもいろいろあります。たとえば、普通預金はすぐに引き出せるので、現金に近い通貨と考えていいでしょう。定期預金も、解約の手続きをすれば現金になるので、少し広い意味の通貨になります。

　しかし、債券や投資信託となると、どうでしょうか…。

　そこで日銀は、現金に近い、現金化しやすいものから順に、マネーのMをとって「M1」「M2」「M3」に分類し、それぞれの統計をとっています。これが「**マネーストック統計**」と呼ばれるものです。

　M3より遠いものは、通貨としては扱いません。広い意味で現金化できるものという意味で「**広義流動性**」に分類しています。

　右の図で、たとえばゆうちょ銀行の定期貯金（定期性預金）だったら、左から2列目の2行目でM3に分類されているな、とわかるわけですね。

● マネーストックを調整すれば景気をコントロールできる

　日銀は、このような分類で統計をとり、毎月発表していますが、一般的に最も注目されるのはM2です。このあたりまでが、市中に出回っている通貨の量としての意味があると考えられます。

　このようなマネーストックが注目されるのは、実体経済や物価と

マネーには「M1」「M2」「M3」がある

（金融商品）

| 現金
要求払預金 | 定期性預金
外貨預金
譲渡性預金 | 金融債
銀行発行
普通社債
金銭の信託 | その他の
金融商品
（＊） |

（通貨発行主体）

- 日本銀行
- 国内銀行（除くゆうちょ銀）
- 外国銀行在日支店
- 信用金庫・信金中金
- 農林中央金庫
- 商工組合中央金庫

- ゆうちょ銀行
- 農協・信農連
- 漁協・信漁連
- 労金・労金連
- 信用組合・全信組連

- 保険会社
- 中央政府
- 非居住者

M1　M2

M3

広義流動性

（＊）金融機関発行CP、投資信託（公募・私募）、国債、外債

（日本銀行調査統計局「マネーストック統計の解説」より作成）

密接な関係で変化すると考えられるからです。好況だと現金に近いマネーストックは増え、不況だと減ります。

逆にいえば、日銀が金融政策でマネーストックを調整すれば、景気のコントロールにつながるわけです。

ちなみに、日銀の統計としては2008年に見直しが行なわれ、その際に「**マネーストック**」という名称に変更になりました。それ以前は「**マネーサプライ**」という呼び方です。マネーサプライは「通貨供給量」、マネーストックは「通貨残高」と訳されています。

54 日銀がコントロールできる「マネタリーベース」

▶ マネーストックをコントロールするには？

　日銀がマネーストックをコントロールするには、どんな方法があるでしょうか？　要は市中に出回るマネーを、増やしたり減らしたりできればいいわけです。

　そこで、日本銀行の仕事を思い返してみると…、あります。

　まず、日本銀行は「発券銀行」ですから、紙幣と硬貨＝現金の量を増やしたり減らしたりすることができるでしょう。

　この場合の現金の量は、「日本銀行券発行高＋貨幣流通量」です。ちなみに、日銀では硬貨のことを「貨幣」と呼びます。

　さらにもうひとつ。日銀は「銀行の銀行」なので、日銀には民間金融機関の当座預金口座があります。後で説明しますが（☞132ページ）、そこに預け入れる額は日銀が決められるのです。

　このふたつ、つまり「日本銀行券発行高＋貨幣（硬貨）流通量」と「日本銀行当座預金」を合わせた合計を「マネタリーベース」といいます。

▶ マネーストックが何倍にも増える？

　マネタリーベースは、日銀が直接、日本経済に供給するマネーです。ということは、マネーストックを調整するために、日銀がコントロールできるということです。

　それだけではありません。

　日銀が供給したマネーは、次項で説明する「信用創造」のメカニズムによって、何倍にも増えてマネーストックを増やします。

　詳しくは次項で見ていただきますが、要するに預金が預金を生み、

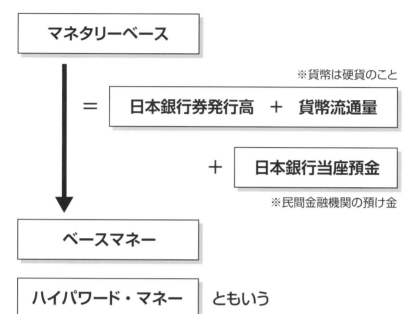

その連鎖が続くことによって、何倍にも増えるのです（☞次項）。

➡「ベースマネー」「ハイパワード・マネー」ともいう

マネタリーベースの"ベース"は、この信用創造のベースになるマネーであることを示しています。

単に「ベースマネー」ということもありますが、さらに、「ハイパワード・マネー」という用語もマネタリーベースのことです。何倍ものマネーストックを生む、力強さを表現したことばですね。

55 何倍ものマネーを生み出す「信用創造」のしくみ

🡆 預金に回った分がまるまるマネーになる

　それでは、マネタリーベースの何倍ものマネーを生み出す「信用創造」のメカニズムを見ていきましょう。

　たとえば、とある銀行が預金者から100億円の預金を集めたとします。この銀行はまず、10億円を日銀に預けたとしましょう。すると、残り90億円はとある企業への貸出しに回すことができます。

　貸出しを受けた企業は、それを仕入先への支払いなどにあてますが、ふつうは全額を使いません。次の仕入れなどに備えるため、ある程度は預金しておくはずです。この企業は、90億円のうち30億円を預金し、60億円を支払いにあてたとしましょう。

　次に、60億円の支払いを受けた企業は、20億円を預金し、40億円を支払いにあてます。その40億円の支払いを受けた企業は、10億円を預金し…。経済全体で見ると、ここまでだけでも60億円の預金、つまりマネーが増えていますね。

　しかも、最初の銀行は貸出しをしただけで、100億円の預金が減ったわけではありません。60億円の預金はまるまる、マネーが増えたのです。これが「信用創造」のメカニズム（の入口）です。

🡆 マネーストックがマネタリーベースの何倍になるか

　実は、このサイクルは延々と繰り返されて、最終的には貸し出された90億円がすべて、どこかの銀行の預金になります。

　しかも、その90億円から日銀に預ける9億円を除いた81億円は、再び貸出しに回せるのです。するとまた延々とサイクルが繰り返されて…。

貸し出した90億円がまた預金を生む

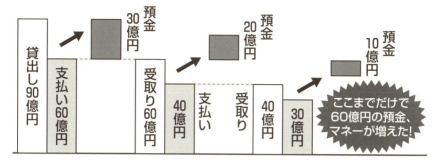

※逆数とは掛け合わせると1になる数

信用乗数　＝　預金準備率の逆数

$$信用乗数 = \frac{マネーストック}{マネタリーベース}$$

Point

最終的には貸し出した90億円がすべて
どこかの銀行の預金になり、一部が再び貸し出されます

　最終的に、マネーストックがマネタリーベースの何倍になるかをあらわす倍率を「**信用乗数**」といいます。最もうまくお金が回った場合の信用乗数は、日銀の預金準備率の逆数です。

　預金準備率とは、次項で説明しますが、日銀当座預金に預け入れる預金の比率のことをいいます。

　もっとも、いろいろな原因で実際の信用乗数は低下するものです。実際の信用乗数は、マネーストックをマネタリーベースで割ると計算できます。

56
日本のすべての銀行は
日銀に預金口座を持っています

➡ 日銀に「準備預金」をすることは銀行の義務

　信用創造にも大きく影響する日銀の「**準備預金**」とは、民間の金融機関が預金などを受け入れている場合に、その一定比率以上の金額を日銀に預け入れることを義務づけている制度です。

　その比率を「**準備率**」とか「**預金準備率**」といいます。具体的な比率は、金融商品の種類や預かっている額によって変わりますが、通常の預金で0.05～1.3パーセント程度です。

　準備預金制度の対象になるのは、銀行、預金残高が一定額を超える信用金庫、農林中央金庫となっています。

　もともとは、銀行などの資金繰りが悪化したときに取り崩して、預金者への支払いが滞らないようにすることを目的とした制度です。そのため、「**支払準備制度**」ともいいます。

　金融機関が、日銀に当座預金の口座を持っている場合は、その残高がそのまま準備預金としてカウントされるしくみです。口座がないときは、「準備預り金」の口座を開設します。

➡「預金準備率操作」は金融政策の重要な手段だった

　この制度は当初、金融政策の手段として導入されました。預金準備率の引下げ、引上げを行なうと、それぞれ金融緩和、金融引締めの効果があったからです。

　市中に出回るお金、マネーストックを増やしたいときは、預金準備率を引き下げます。すると銀行は、準備預金に預ける額が減るので、何もしないでも手元の資金が増えるわけです。つまり、通貨の供給になります。

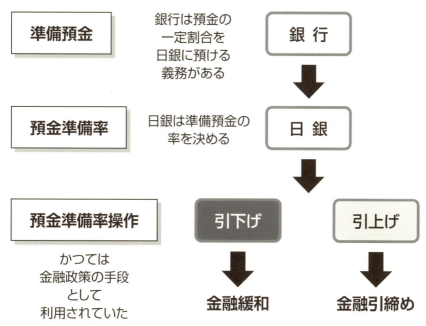

　反対に、通貨の供給を減らしたいときは、預金準備率を引き上げます。

　このようにして、通貨の供給をコントロールすることを「**預金準備率操作**」といいます。預金準備率操作はかつて、日銀の金融政策の手段のなかでも重要な柱でした。

　しかし、短期金融市場が発達すると、預金準備率操作は効果が薄くなります。準備預金制度は金融政策の手段としては利用されなくなり、準備率も変更されなくなっています。

57 日銀は「政策金利」として何を操作してきたの？

● 公定歩合は日銀の"伝家の宝刀"だった

　預金準備率ともうひとつ、金融政策の手段だったのが「公定歩合」です。日銀が民間の銀行に貸出しをするときの金利で、日銀の"伝家の宝刀"と呼ばれていました。

　「公定歩合操作」によって公定歩合を上げ下げするだけで、市場の短期金利が上がり下がりしたからです。市場の金利は、公定歩合と連動するように規制されていたのです。

　1994年までに市場金利が自由化されると、公定歩合操作は使えなくなりました。現在は、「基準割引率及び基準貸付利率」という名称になっています。

● 無担保コールレート（オーバーナイト物）を誘導する

　公定歩合のように、日銀が操作・誘導の目標とする金利の利率を「政策金利」といいます。公定歩合操作が使えなくなった後、政策金利の誘導目標は「無担保コールレート」（オーバーナイト物）（☞136ページ）になりました。

　といっても、コールレートは市場の金利なので、公定歩合のように日銀が決めるわけにはいきません。「公開市場操作」（☞138ページ）の方法で、市場の金利を誘導するのです。

　政策金利は「無担保コールレート（オーバーナイト物）を、〇％程度で推移するよう促す」などと表現されるようになりました。

　その後、公開市場操作の操作目標はマネタリーベース（☞128ページ）に変更されましたが、2016年に「マイナス金利付き量的・質的緩和」（☞140ページ）が導入されると、再び復活します。

マイナスの政策金利はこのように決められている

日銀当座預金残高

政策金利残高	△0.1%	基礎残高とマクロ加算残高を超える残高
マクロ加算残高	0.0%	所要準備額や一定の計算で加算される残高など
基礎残高	1.0%	これまで所要準備額を超えて預けていた残高

Point

マイナス0.1%を政策金利とするという意味で
この残高には「政策金利残高」という名前が付いています

マイナス金利とは、短期の政策金利をマイナスの利率にするということです。といっても現実には、たとえば日銀の当座預金の金利をすべてマイナスにするといったことはできませんね。

そこで日銀は、準備預金で必要とされる準備額(所要準備額)も含めて、当座預金の残高を上の図のように3つに分け、一定の額を超える残高をマイナス金利としたのです。

この残高には、これを政策金利とするという意味で「**政策金利残高**」という名前が付いています。

同じ年の9月、今度は「**長短金利操作付き量的・質的金融緩和**」が導入されました。

長期金利の操作目標も示されることになり、たとえば「10年物国債金利が概ね現状程度(ゼロ%程度)で推移するよう、長期国債の買入れを行なう」などと定められることになったのです。

58 どうやったら市場の金利が操作できるの？

▶「無担保コールレート」（オーバーナイト物）って何？

　前項では、具体的な市場の金利の名前などが出てきて、少しややこしかったかもしれませんね。補足的な説明を少々、加えておきましょう。

　政策金利の誘導目標として、長く使われてきたのは「**無担保コールレート**」（**オーバーナイト物**）です。「**翌日物**」ということもあります。

　コールレートというのは、"マネー・アット・コール" ＝呼べばすぐに帰ってくるというほど、短期の資金を取引する市場の金利（レート）という意味です。

　これを無担保で貸し借りし、オーバーナイト＝翌日には決済するわけです。オーバーナイトには"1泊"という意味があります。

　この金利が、日銀の金融市場調節の目標になっているのです。

　たとえば、1999年から2000年にかけての「ゼロ金利政策」と呼ばれた時期には、「無担保コールレート（オーバーナイト物）を、できるだけ低めに推移するよう促す」などといった、金融市場調節の方針が示されました。

▶コールレートが動けば市場の金利が動く

　この無担保コールレート（オーバーナイト物）は、代表的な短期金利（☞24ページ）の指標とされています。

　ですから、このレートを一定の水準に誘導すると、それが基準になって他の短期金利が影響を受けます。市場全体の金利が上がり下がりするわけです。日銀は、このようにして市場全体の金利を操作

金融市場調節の考え方

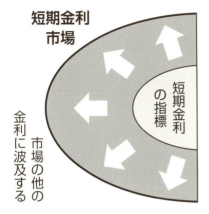
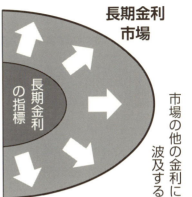

Point

長短金利の指標を一定の水準に誘導すれば
他にも波及して市場全体が操作できるという考え方です

しようとしています。

➡ 「新発10年国債利回り」とは何だろう

　無担保コールレート（オーバーナイト物）の金利は短期金利ですが、長期金利の操作目標としては「10年物国債金利」があげられています。

　これは、「新発10年国債利回り」が代表的な長期金利の指標になっているからです。新発10年国債利回りとは、新規発行、償還期間10年の国債の流通利回り（☞104ページ）のことをいいます。

　従来、長期金利は市場で決まり、中央銀行は操作できないといわれてきました。しかし、短期金利と同じ考え方でこの利回りを一定の水準に誘導すれば、それが他の長期金利に波及して、市場全体の金利が操作できるというのが日銀の考え方です。

59

金融政策の重要な手段は いまや「公開市場操作」です

🔜 公開の場で市場の取引に参加して操作する

　前にもふれましたが、無担保コールレート（オーバーナイト物）や10年物国債の金利や利回りは、日銀が決めることはできません。これらを一定の水準に誘導するには、どうしたらよいでしょうか？

　日銀は、直接、市場の取引に参加してレートを変動させる方法をとっています。

　つまり、たとえば無担保コールレート（オーバーナイト物）の金利が目標より高いときは、日銀が市場で資金を貸し出すのです。すると資金の供給が増えるので、市場の金利が下がります。

　もし、目標より低くて金利を上げたいときは、逆に資金の借入れです。そうすれば資金の需要が増えて、金利が上がり、目標とする水準に近づきます。

　このように、金利を目標とする水準に誘導するために、公開の場で、貸出しや借入れを行なうのが**公開市場操作**です。公定歩合操作や預金準備率操作が利用できないいま、公開市場操作は金融政策の最も重要な手段になっています。

🔜 公開市場操作では「買いオペ」「売りオペ」を行なう

　公開市場操作のことを、日銀では「オペレーション」とも呼んでいます。コールレートのほか、長期金利の誘導のために、国債の売買を行なうのもオペレーションです。

　国債を買うオペレーションは「買いオペレーション」、売るのは「売りオペレーション」と呼びます。それぞれ、「買いオペ」「売りオペ」と略すのは有名な話なので、ご存知の方も多いのではないで

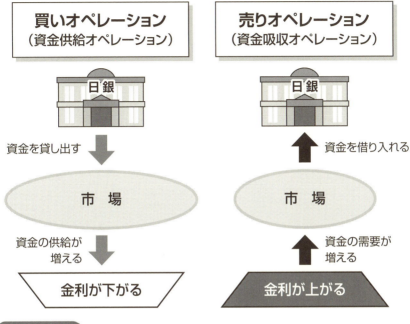

しょうか。
　国債を買うオペレーションは、市場に資金を供給することになるので「**資金供給オペレーション**」ともいいます。逆に、売るオペレーションは、資金を吸収することになるので「**資金吸収オペレーション**」です。
　コールレートの場合は、資金を貸し出すと資金を供給することになるので買いオペレーション、借り入れると資金を吸収することになるので売りオペレーションということになります。

60 「量的・質的金融緩和」とはどういうもの？

➡ 短期金利の引下げで景気浮揚を狙う「金融緩和」

　日銀は、最重要の目的を「物価の安定」としています（☞22ページ）。そのためには、経済の不景気はどうしても避けたいところですね。そこで、金利を引き下げるなどして、経済を好景気に向ける金融政策をとります。これが「**金融緩和**」です。

　ちなみに、景気が過熱すると「**金融引締め**」の政策がとられます。

　金融緩和の政策手段としては、従来、政策金利を引き下げて短期金利を操作するのが一般的です。たとえば、バブル崩壊後の1999年には、無担保コールレートを実質的にゼロパーセントにするという、いわゆる「**ゼロ金利政策**」がとられました。

➡ 供給する資金の量も重視する「量的金融緩和」

　ゼロ金利政策はいったん解除されますが、2000年代初めにITバブルが崩壊すると、再び復活します。このとき、同時に導入されたのが、資金の供給を増やす政策です。買いオペで、金融機関が保有する債券などを買い入れました。

　また、操作する対象の中心は、無担保コールレートから、マネタリーベースのうちの日本銀行当座預金に変更されました。金利の引下げだけを重視する従来の金融緩和に対して、供給する資金の量も重視するわけで、これを「**量的金融緩和**」といいます。

➡ 量に加えて対象も変える「量的・質的金融緩和」

　量的金融緩和政策もいったん解除されますが、2013年には操作する対象の中心がマネタリーベース（☞128ページ）に変更されます。

量的・質的金融緩和は長期金利にも働きかける

金融緩和 ➡ **短期金利**を操作する

　主たる操作目標は
　無担保コールレート（オーバーナイト物）

量的金融緩和 ➡ **資金の量**も重視する

　主たる操作目標は
　マネタリーベースのうち**日銀当座預金**
　無担保コールレート（オーバーナイト物）は従

量的・質的金融緩和 ➡ **長期金利**にも働きかける

　主たる操作目標は
　マネタリーベース プラス 国債の大規模買入れ
　無担保コールレート（オーバーナイト物）は従

Point

量的・質的金融緩和は量的金融緩和に加えて
国債の買入れで長期金利に働きかけます

　これは、量的金融緩和政策の復活といえるでしょう。
　このとき、同時に開始されたのが大規模な国債の買入れです。従来、市場で決まる、操作できないとされていた長期金利に、国債の買入れで働きかけることにしたのです。
　それ以前の、資金の量に注目した量的金融緩和に加えて、操作する対象の質にも目を向けたわけで、これを「**量的・質的金融緩和**」といいます。

61 世界の「中央銀行」はどんなことをしているの？

▶ 日本銀行法にもとづく特殊法人「日本銀行」

　世界に目を転じてみましょう。世界のほとんどの国には、日銀のような「**中央銀行**」があります。ほとんどの場合、その国の金融政策を担い、「発券銀行」「政府の銀行」「銀行の銀行」の役割を果たしています。「最後の貸し手」である点も同じです（☞124ページ）。

　あえて違いを探すとすれば、世界では中央銀行が国有化されているのが一般的なのに対し、日本銀行は**日本銀行法**にもとづく特殊法人だという点でしょうか。

　その日本銀行法も、現在の形になったのは意外に新しく、1998年の施行です。「物価の安定」「金融システムの安定」という目的が明文化されたのも、新しい日銀法からでした。それ以前の日銀法は、第2次大戦下の戦時立法として制定されたものだったのです。

　この日銀法改正の理念として、日銀のホームページには中央銀行としての「独立性」（☞31ページ）、金融政策決定過程の「透明性」があげられています。

▶ 世界で最も有名なアメリカ「連邦準備制度理事会」

　世界で最も有名な中央銀行は、アメリカのそれでしょう。よくニュースで「アメリカの中央銀行にあたる**ＦＲＢ連邦準備制度理事会**が…」などと報道されていますね。

　しかし、この言い方はあまり正確ではありません。

　ＦＲＢ（Federal Reserve Board）は金融政策の決定が主な役割で、銀行業務などは12ある地区連邦準備銀行（Federal Reserve Bank＝こちらもＦＲＢ）が行ない、公開市場操作（☞138ページ）

世界の中央銀行の例

日本銀行
Bank Of Japan＝BOJ

中国人民銀行
People's Bank of China 1948年設立

連邦準備制度
Federal Reserve System＝FRS

イングランド銀行
Bank Of England 1694年設立

欧州中央銀行
European Central Bank＝ECB

スウェーデンリクスバンク
1668年設立、世界最古の中央銀行

> **Point**
> 連邦準備制度の"準備"は準備預金の準備。
> 世界にはReserveのついた中央銀行名がけっこうあります

は連邦公開市場委員会（Federal Open Market Committee＝FOMC）が行なっています。

　これらで構成される**連邦準備制度＝FRS**そのものが、アメリカの中央銀行なのです。

→ ユーロ圏の金融政策を決める「欧州中央銀行」

　一方、ニュースに登場することがだんだん増えているのが、**欧州中央銀行＝ECB**です。

　ユーロ圏（☞85ページ）の金融政策を決める中央銀行で、ユーロ未導入の国も含めた各国の中央銀行と欧州中央銀行制度（the European System of Central Banks＝ESCB）を構成しています。

　公開市場操作などは、各国の中央銀行が自国の市場に対して行なうというしくみです。

62

「政府」の財政政策は どんな役割を持っているの？

資源の配分のまずいところを是正する

　ここからは、日銀に対する政府、金融政策に対する財政政策（☞30ページ）の話に入ります。

　政府は、経済主体のひとつであり（☞32ページ）、ＧＤＰの政府部門を構成し（☞36ページ）、国の財政を通じて経済政策（財政政策）を行なうものです。

　政府が行なう**財政政策**には、３つの役割があります。

　第一の役割は、小は道路（国道）などの公共施設から、大は年金・医療・福祉といった公共サービスまで、国民が必要とすることにお金を回す＝資源を配分することです。

　市場経済（☞28ページ）では、国民が必要とするところに，うまく資源が配分されないことが多々あります。たとえば、過疎地域では民間の交通機関が次々に撤退する、などなど。

　国民が納めた税金を使って、こうしたまずい資源の配分を是正するのが、財政政策の「**資源配分機能**」です。

不公正な所得の分配を分配し直す

　第二の役割は、財産や収入＝所得の分配を公正にすることです。市場経済では、親の遺産のある・なしや、本人の所得の多寡で格差が広がることがあります。税金のしくみなどを利用して、再び分配し直し、格差を緩和するのが財政政策の「**所得再分配機能**」です。

　たとえば、日本の所得税は、所得の多い人ほど税率が高く、少ない人ほど低くなる「累進税率」になっていますね。そうして集められた税金を、国民全体に公平に使うので、結果として所得が分配し

政府の財政政策が持つ3つの役割

1 資源配分機能
よくない資源の配分を是正する

2 所得再分配機能
不公正な所得の分配を再分配する

3 経済安定化機能
急激な変動を抑えて経済を安定化する

> **Point**
> この3つが国の財政を通じて行なう経済政策
> ＝財政政策の役割になります

直されたことになるのです。

→ 景気の急激な変動を抑えて影響を緩和する

　第三の役割は、直接、経済に関係しています。たとえば、景気は循環するものですが（☞60ページ）、あまりに急激な景気の変動は経済に打撃を与えます。

　そこで、急激すぎる変動は抑えて、悪影響を緩和するのが「**経済安定化機能**」です。国の財政は規模が大きいので、財政政策を通じて経済に影響を与えることができます。

　たとえば、不況のときの公共事業（公共投資☞次ページ）は、企業の仕事を増やして景気を刺激するものです。また、減税は企業や個人が使えるお金を増やすので、企業の設備投資や個人の消費を拡大する働きがあります。

63

「公共投資」を増やすと景気がよくなるワケ

▶「公共投資」って何のこと？

「公共投資」とは、民間部門ではなく公共部門が行なう投資という意味です。公共部門の中心が政府になります。

また、公共投資という場合の"投資"は、株式投資などのように利益を得る目的で投じる資金ではありません。設備投資ということばを思い浮かべるとよいでしょう。公共投資は、大ざっぱにいうと、**道路、港湾、河川、土地改良**などに投じる**資本**のことです。

さてそこで、この項のタイトルにある「公共投資を増やすと景気がよくなる」とはどういうことでしょうか？

▶公共投資の額の何倍も所得が増える

前項の終わりで少しふれたように、公共投資を行なうと企業の仕事が増え、景気が刺激されます。しかし、それだけではありません。投資した額の、何倍もの効果があるのです。

どういうことでしょうか？

たとえば、ある公共投資を行なって、それをAさんが受注し、工事を完成させて代金を受け取ったとしましょう。Aさんは所得が増えたので、何か欲しかったものをBさんの店で買います。

世の中の消費が増えて、少し景気がよくなりますね。しかし、それだけではありません。Bさんの所得も増えます。

そこでBさんも、何か欲しかったものをCさんの店で買うことにしました。また、消費が増えます。

Bさんが買ってくれたので、Cさんも所得が増えました。そこで、以前から欲しかったものを買いに、Dさんの店に…。

「乗数効果」の乗数の求め方

$$乗数 = \frac{1}{1 - 限界消費性向}$$

例：限界消費性向　0.8
　　乗数＝1÷（1－0.8）＝5

→ 当初の公共投資の額の5倍の乗数効果が生まれる

Point

限界消費性向は所得が1増えたときに
消費がいくら増えるかをあらわします

　このように公共投資された額は、その何倍も収入＝所得を増やすのです。ここでは、公共投資を受注したAさんからの流れだけを見ていますが、この効果はもっと広く社会に波及します。

「乗数」は「限界消費性向」がわかれば計算できる

　公共投資をした金額の何倍、国民の所得が増えるか、その倍率が「乗数」です。そこで経済学では、この効果を「**乗数効果**」と呼んでいます。乗数効果は、公共投資に限らず、企業の設備投資などでもあらわれるものです。
　細かい説明は省きますが、乗数は上の式で求められます。「**限界消費性向**」とは、所得が1増えたとき、消費がどれだけ増えるかをあらわすものです。たとえば、所得が100増えたときに消費が80増えると、限界消費性向は0.8になります。

64 「プライマリー・バランス」はどう見るの？

●「財政収支」「財政黒字」「財政赤字」とは？

　この章の最後に、財政政策ではなく「**財政**」の話をしましょう。つまり、国の収入と支出の話です。

　国の収入は、収入でなく「**歳入**」といいます。支出は「**歳出**」です。この歳入と歳出を比較した収支を「**財政収支**」といいます。そして、歳入が多ければ「**財政黒字**」、歳出のほうが多ければ「**財政赤字**」となるわけですね。

　もっとも、国が作成する予算では、歳入と歳出の額が一致しています（右の図の①）。しかし実は、歳入のなかに「**公債金**」というものが入っているのです。これは、歳出に対して歳入が不足し、不足を国債の発行で埋めた分です（②）。

　ですから一般的には、この公債金の額を財政赤字と呼びます。

● 国債関係の影響を除いた「プライマリー・バランス」

　何かの事情で、たまたまその年度が財政赤字になっただけなら、大きな問題はありません。翌年度以降に、返せばいいだけですから。

　しかし、本当にそうでしょうか？　それを見るには、財政収支から国債の影響を取り除く必要があります。歳出のなかには、国債の償還費と利払いが「国債費」という名前で入っているので、この国債費と、歳出の公債金を除くのです。

　その結果、一般の歳入のほうが多ければ、その政府は優秀です。その政府で必要な歳出の額を税収などでまかなって、おつりがきている状態といえます（③）。

　しかし、一般の歳出のほうが多いときは問題です。図の④でわか

148

「財政赤字」「基礎的財政赤字」とはこれ

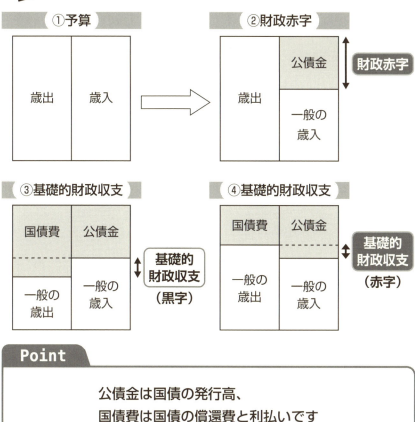

Point

公債金は国債の発行高、
国債費は国債の償還費と利払いです

るように、国債のために国債を発行して、さらに一般の歳出のためにも国債を発行していることになるからです。

この状態が続けば、国債すなわち国の借金は、減らないどころか増え続けることになるでしょう。

このように、財政収支から国債関係の歳入と歳出を除いてバランスを見るものを「**プライマリー・バランス**」といいます。日本語では「**基礎的財政収支**」です。赤字は、「基礎的財政収支の赤字」ということになります。

知っと
コラム
❻

「アジア通貨危機」

　1997年当時、東南アジアから東アジアにかけての国々は、自国通貨の為替相場をドルにリンクさせる「**ドル・ペッグ制**」という、一種の固定相場制をとっていました。

　これを割高だと見て、通貨のカラ売りを仕掛けたのがヘッジファンド（☞108ページ）です。

　各国の通貨当局は買い支えに走りますが、支えきれず、各国は変動相場制に移行して、実質的な通貨の切り下げ、暴落になりました。これが「**アジア通貨危機**」です。

　アジア通貨危機は97年、タイ・バーツの暴落に始まり、フィリピン・ペソ、マレーシア・リンギット、インドネシア・ルピア、韓国・ウォンなどに波及しました。

　危機は、IMF、世界銀行、ADB（☞118ページ）の協調融資などで終息に向かいましたが、タイ、インドネシア、韓国はIMFの管理下に入る事態になりました。

　その影響はロシアや中南米にも及び、山一證券の破綻など、97年〜98年の日本の金融危機の一因にもなったといわれています。

7章

仕事と暮らしに役立つ「経済学」

65 アダム・スミスの「神の見えざる手」とは？

▶「神の見えざる手」は市場メカニズムのことだった

18世紀後半、産業革命後のイギリスで、最初の体系的な経済学が生まれました。アダム・スミス、デビッド・リカード（☞19ページ）など、歴史の教科書にも載っている経済学者たちによる「**古典派経済学**」です。

古典派経済学の主張で、たぶん最も有名なのは、アダム・スミスの「**神の見えざる手**」でしょう。市場で、消費者と生産者がそれぞれ自分の利益を追求すると、まるで神様の見えない手が働いたように、価格と、需要と供給の調整が行なわれるというものです。

はて、どこかで聞いたような？　そうです、「神の見えざる手」は、今日の「**市場メカニズム**」の基礎となった考え方なのです（☞28ページ）。

▶「資源配分」は経済学の重要な課題

アダム・スミスが「神の見えざる手」で解決されると主張したのは「**資源配分**」の問題です。限りある資源を、何にどう分配すれば、社会全体にとって最も好ましい状態になるか？　この資源配分の問題は、経済学の基本的な課題のひとつになっています。

経済学の主要な課題は資源配分の問題を解決することだ、といい切る経済学者もいるくらい、重視されているのです。

今日では、市場メカニズムによって、価格と、需要と供給の調整が行なわれ、社会にとって必要性の高いものには多く、低いものには少なく配分されて、最適の資源配分が実現するというのが基本的な考え方です。

今日の「市場メカニズム」の基礎になった考え方とは

「神の見えざる手」

消費者と生産者がそれぞれ
自分の利益を追求すると、価格と、
需要と供給の調整が行なわれ
最適の資源配分が実現する

「市場メカニズム」

市場メカニズムが働いても最適の
資源配分にならないことがある

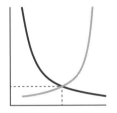

「市場の失敗」

例として、政府が資源配分を是正
していることがあげられる

> **Point**
>
> 市場メカニズムが働いても
> 最適の資源配分にならないのが「市場の失敗」です

　と同時に、市場メカニズムは神様のように完全無欠ではないので、社会のしくみで補わなくてはならないとも考えられています。政府の役割のひとつとして「資源配分機能」があり、市場メカニズムによる資源配分を是正しているのはそのためです（☞144ページ）。

　このように、市場メカニズムが働いても、最適の資源配分にならないことを「**市場の失敗**」といいます。格差や貧困もそうですが、「**外部不経済**」も市場の失敗のひとつです（☞164ページ）。

66
「ミクロ経済学」と「マクロ経済学」があります

▶「ミクロ経済学」「マクロ経済学」とは

　アダム・スミスは「経済学の父」と呼ばれ、経済学はその後、発展を遂げました。現代の経済学は「**近代経済学**」と呼ばれますが、大きく分けて2つの分野があります。

　ひとつは、家計や企業など一つひとつの経済主体（☞32ページ）を対象にするもので「**ミクロ経済学**」といいます。ミクロは小さいという意味。個々の家計や企業の行動を分析することから始めます。

　たとえば、消費者はどんな消費行動をとるかとか、企業は何をどれだけ生産すれば最も利潤が大きくなるか、といった具合です。

　もうひとつは「**マクロ経済学**」で、国や地域の経済全体を対象にします。たとえば、景気はどのように変動するのかや、どんな経済政策が有効かなどを研究するわけです。

　ミクロ経済学とマクロ経済学の両方が必要なのは、ミクロ的な視点の積み重ねがマクロになるとは限らないからです。たとえば、家計が貯蓄を増加させると、ミクロ的には家計の貯蓄額が増加します。

　しかしマクロ的に見ると、家計の貯蓄増加は消費の減少となり、景気の悪化から家計の所得減少にもつながるものです。家計の貯蓄率は上昇しても、貯蓄額の増加にはつながらないかもしれません。

　このように、ミクロ的に見て合理的な経済活動が、マクロ的に合理的な結果につながらないことを「**合成の誤謬**（ごびゅう）」といいます。

▶古典派から生まれた「マルクス経済学」

　アダム・スミスたちの古典派経済学では、経済社会は地主、資本家、労働者という3つの「階級」から成り立っていると考えました。

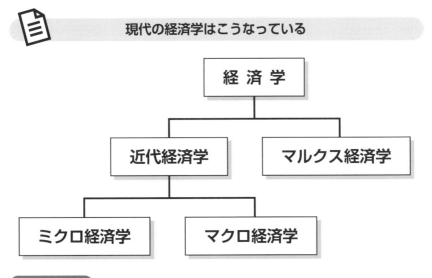

Point

ミクロ経済学は家計や企業などの経済主体を対象にし、マクロ経済学は国の経済全体などを対象にします

　また、富とは金や銀のことではなく、労働が生む価値が富であるという「**労働価値説**」を唱えたのも古典派経済学です。

　これらの考え方を（批判的に）継承した、もうひとつの経済学に「**マルクス経済学**」があります。ドイツの経済学者、哲学者のカール・マルクスが創始した経済学です。

　マルクス経済学では、労働者階級の労働力の価値（賃金）を超えて「剰余価値」が生み出され、これが資本家階級に搾取されていると考えます（**剰余価値説**）。

　このようなマルクス経済学は、思想的には「マルクス主義」となり、のちにロシアの革命家ウラジーミル・レーニンが、史上初の社会主義国家ソビエト連邦を樹立する思想的支柱になりました。

　ご存じのとおり、ソビエト連邦は70年近く続いた後に崩壊しましたが、学問としてのマルクス経済学は健在です。

67 近代経済学の扉を開いた「限界革命」って何？

→ 「限界」と「効用」の考え方は革命的

　近代経済学はどこから始まったのでしょうか？　インターネットで検索すると、たいてい「**限界革命**」という用語が出てきます。

　「限界」とは、限界消費性向のところで出てきた、「○○が1増えたときの××の増加分」のことです（☞147ページ）。それがどうしたと思うかもしれませんが、経済学の歴史では「**効用**」の考え方とともに画期的なことだったのです。

　「効用」とは、人が感じる満足のようなもの。古典派経済学ではモノの価値を生産費や労働力で説明しましたが（☞154ページ）、近代経済学では価値を効用で考えます。

　そして、限界と効用の考え方が登場した1870年代は「限界革命」と呼ばれ、近代経済学はここから始まったといわれるのです。

→ 「限界効用」はだんだん減る

　効用の限界＝「**限界効用**」は、消費の増加分と効用の増加分の比率のことをいいます。限界効用を説明するためによく使われる例は、意外かもしれませんが「1杯目のビールはうまい」という話です。

　1杯目のビールはうまい、2杯目はまあまあ、3杯目はそれほどでもなくて、4杯目はもうたくさん。つまり、限界効用はだんだん減る＝逓減するのです。これを「**限界効用逓減の法則**」といいます。

　限界効用が逓減すると、どうなるでしょうか。たとえば、そのころの経済学で議論になっていたものに「水とダイヤモンドのパラドックス」があります。人の生命の維持に不可欠な水より、なくても困らないダイヤモンドのほうが高価なのはなぜか、という問題です。

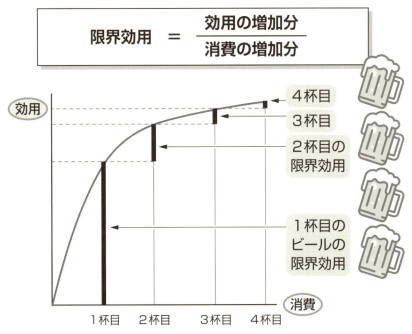

Point

同じ1杯のビールを飲んでいるのに満足感＝効用は2杯目、3杯目、4杯目と減っていきます

　古典派経済学ではこれを、ダイヤモンドの鉱脈を見つけて掘り出して加工するには、たくさんの労働力が必要だからと説明しました。しかしこれでは、砂漠のような水が少ない場所で水が高価になる理由が説明できません。
　限界効用を用いた説明はこうです。水が豊富にある場合は、4杯目のビールのようなもので、限界効用はきわめて低い＝安価。しかし、ダイヤモンドや砂漠の水は、つねに1杯目のビールのように限界効用が高い、だから高価なのだというわけです。

68 経済学の発想を逆転させた「有効需要の原理」

世界恐慌には無力だった「セイの法則」

限界革命以降の経済学は、それ以前の古典派経済学と区別して「**新古典派経済学**」と呼ばれます。1930年代、世界恐慌の時代が訪れたときにも、経済学の主流はこの新古典派でした。

新古典派の経済政策は、1840年代にフランスの経済学者ジャン・バティスト・セイが唱えた「**セイの法則**」によくあらわれています。すなわち「供給は自ら需要をつくり出す」。

つまり、供給が増減しても、市場メカニズム（☞28ページ）により、いずれ需要は一致する、だから経済のことは市場に任せておけばよい、政府の介入は必要ない、というわけです。

しかし、前にもふれたとおり、世界恐慌による失業者には市場メカニズムが働かず、経済は一向に改善しませんでした。

需要が供給を決めていると考えたケインズ

そこに登場したのが、新古典派のひとつケンブリッジ学派に属していたイギリスの経済学者、ジョン・メイナード・ケインズです。

ケインズは、需要と供給を一致させているのは、短期的には価格ではなく、供給量の調整だと考えました。つまり、セイの法則とは逆に、需要が供給を決めていると考えたわけです。

そこからケインズは、国民の所得や雇用の量など、経済活動の水準が需要の大きさで決まるという原理を導き出します。

これが有名な「**有効需要の原理**」です。

「有効需要」とは、支出の裏づけがある需要という意味ですが、ケインズ以後の経済学では、社会全体の需要の合計という意味で使

「供給が需要を決める」から「需要が供給を決める」へ

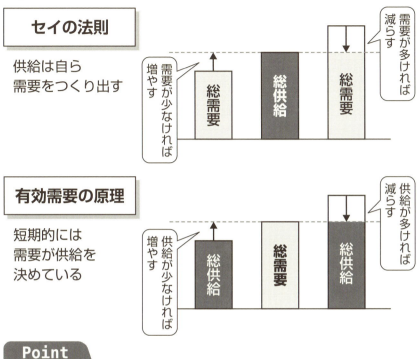

セイの法則

供給は自ら需要をつくり出す

有効需要の原理

短期的には需要が供給を決めている

Point

ここから経済活動の水準は有効需要の大きさが決めると考えるのが「有効需要の原理」です

われます。ですから用語としては別ですが、総需要と同じ意味です。

　この有効需要の原理から、何がわかるでしょうか？　国民所得や雇用量など経済活動の水準が有効需要の大きさで決まるなら、経済活動の水準を上げたいときには、有効需要を増やせばよいことになります。

　世界恐慌で景気が悪くても、有効需要を増やせば、国民所得や雇用量も増えて、景気は回復するはずです。

　ここから、「ケインズ政策」が出てきます（☞次項に続く）。

69

「ケインズ政策」ってどういう政策なの？

▶「財政政策」と「金融政策」はケインズに始まった

ケインズは、市場メカニズムを否定したわけではありません。ただ、価格による市場メカニズムの調整はスピードが遅く、短期的には供給量の調整が需要と供給を一致させていると指摘したのです。

そこで、ケインズが主張したのは、有効需要の原理にもとづいて、政府が総需要を管理することでした。

一国の経済を「**国民経済**」といいますが、国民経済は「民間部門」と「公共部門」で成り立っています。そして政府は、公共部門の中心です。民間部門が、自分の意思で総需要に影響を与えることはできませんが、政府ならできます。

たとえば、税金を使って公共投資（☞146ページ）を行なえば、その分、総需要が増えるはずです。しかも、政府の公共投資には乗数効果が期待できるので、総需要はさらに増えます。

こうした考え方が「**総需要管理政策**」です。総需要管理政策は、財政政策と金融政策から成り立ちます。つまり、今日の政府（と中央銀行）が行なっている財政政策と金融政策は、ここから始まったのです（☞30ページ）。

▶高い経済成長率を可能にした「ケインズ政策」

政府が、有効需要の原理にもとづいて、財政政策と金融政策で総需要を管理し、景気の調整や経済成長などをめざすという考え方は、その後「**ケインズ政策**」と呼ばれるようになりました。

実際、第2次大戦後の世界各国は、このようなケインズ政策によって高い経済成長率を実現したのです。

ケインズ政策は有効需要の原理にもとづく

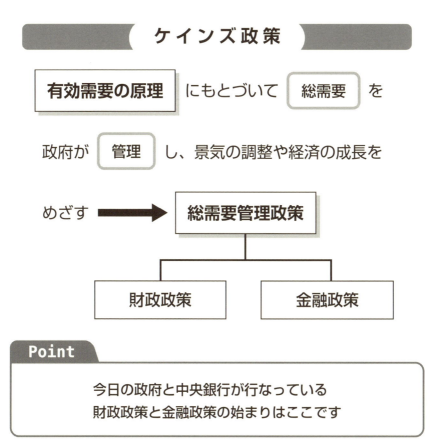

 また、雇用の問題も重視し、失業を3種類に分類して分析しました。つまり、働く意思がない「自発的失業」、何かの事情で一時的に失業する「摩擦的失業」、そして働きたいのに働き口がない「非自発的失業」の3つです。
 このうち、非自発的失業をなくして、完全雇用を実現するべきだというのがケインズの主張です。この理論は当時、西欧がめざしていたwelfare state＝国民の福祉の増進を目標として掲げる「**福祉国家**」の理論的支柱になりました。

70

「小さな政府」「大きな政府」って何のこと？

ケインズ政策を批判した「シカゴ学派」

1970年代、世界の国々にスタグフレーション（☞96ページ）が広がりました。各国はケインズ政策に従って、需要の拡大で景気回復をはかりますが、失業者は減らず、財政赤字はふくらみ、インフレはさらに進みます。

そこに登場したのが、アメリカの経済学者ミルトン・フリードマンを中心とする「**シカゴ学派**」です。シカゴ学派は、ケインズ政策を批判し、財政政策として政府が市場に介入するのはよくないと主張しました。これは「**新自由主義**」と呼ばれる立場です。

一方、金融政策としては、物価安定のためにマネー・サプライ（☞127ページ）の増加を一定に保つだけでよいとしました。この考え方は「**マネタリズム**」と呼ばれています。

このシカゴ学派の主張は、一定の評価を得て、フリードマンは世界各国の中央銀行に顧問として招かれました。また、当時のアメリカのレーガン大統領や、イギリスのサッチャー首相の経済政策にも大きな影響を与えています。

シカゴ学派の「小さな政府」、ケインズ政策の「大きな政府」

シカゴ学派のように、政府の役割をできるだけ小さくし、市場への介入も最小限にして、規制緩和も進め、市場メカニズムに任せようという経済政策を「**小さな政府**」と呼びます。

一方、ケインズ政策などでは、政府が経済活動に積極的に介入し、政府の役割をできる限り大きくします。これが経済政策における「**大きな政府**」です。

小さな政府と大きな政府は正反対

小さな政府
- 政府の役割はできるだけ小さくする
- 市場への介入もできるだけ小さくする
- 市場メカニズムにできるだけ任せる

大きな政府
- 政府の役割をできるだけ大きくする
- 市場への介入も積極的に行なう
- 市場メカニズムをあまり重視しない

Point

小さな政府はシカゴ学派の主張。
大きな政府はケインズ政策が代表的です

➡ 小さな政府か、大きな政府か

経済学の歴史から見ると、アダム・スミスの「神の見えざる手」（☞152ページ）の時代から、政府は市場に介入するべきではない、市場メカニズムに任せるべきだという、小さな政府の考え方が主流でした。

大きな政府がよいとされたのは、ケインズ政策が各国で採用された第2次大戦後のことです。

しかも、アメリカのレーガン政権、イギリスのサッチャー政権の時期などには、シカゴ学派の影響から小さな政府をめざす動きも進みました。

結局、各国の経済政策は、小さな政府と大きな政府の間を、揺れ動きながら進んでいくことになるのでしょう。

71 「外部不経済」「外部経済」を知っておきましょう

➡ 外部不経済は最適の資源配分ではないから市場の失敗

　ここからは、経済学のちょっと変わった考え方をいくつか、ご紹介しましょう。ちょっと変わっていますが、ちゃんと役に立つ結論を得られるところが経済学です。

　市場の失敗（☞153ページ）のひとつに、「**市場の外部性**」というものがあります。ある経済主体が、市場の取引を通さずに、別の経済主体に影響を及ぼしてしまうことで、イギリスの経済学者アルフレッド・マーシャルが提唱しました。

　マイナスの影響を与える場合を「**外部不経済**」といいます。外部不経済の代表は、公害です。ある市場の企業が公害を引き起こすと、市場に関係のない家計や企業に損害を与えますね。

　見方を変えると、公害を起こしている企業は、環境の悪化というコストを他の家計や企業に押しつけていることになります。一方、公害を起こしている企業自身は、環境の悪化を防ぐコストを負担しない分、利潤が増えているはずです。

　これでは経済全体として、最適の資源配分（☞152ページ）とはいえません。だから、市場の失敗なのです。

➡ 外部性を内部に取り込めば解消できる

　外部不経済を解消するには、どうしたらよいでしょうか？　問題は、市場の外部性です。ですから、外部にあるものを内部に取り込めれば、解消できることになります。これを「**外部性の内部化**」といいます。

　外部性の内部化には、たとえば、外部不経済を引き起こしている

外部不経済を経済学はこう考える

- 公害などの外部不経済は最適の資源配分ではない
  ↓
- だから公害などの外部不経済は市場の失敗である
  ↓
- 問題は市場の外部性にある
  ↓
- ならば外部性を内部化すればよい
  ↓
- 公害企業に政府が税金をかければ内部化できる
  ↓
- その税金で環境対策を行なえば外部不経済は解消

Point

実際に日本でもCO_2の排出に税金をかける「ピグー課税」が行なわれています

企業に、政府が税金をかける方法が考えられます。その税金で、政府が環境の悪化対策を行なえば、外部性が内部化できたことになるでしょう。

このような税金を「**ピグー税**」といいます。これを提唱した経済学者ピグー（☞94ページ）にちなんだ呼び方です。実際、日本でも、CO_2の排出に対して、「地球温暖化対策のための税」が課税されています。

市場に関係のない人に利益を与える「外部経済」

外部不経済があれば「**外部経済**」もあります。これは、市場の取引を通さずに、利益を与えてしまうことです。

たとえば、新しい鉄道が開通して、何の関係もない人が持つ土地の地価が上がる例などが、よく引き合いに出されます。

72

何で経済学に「ゲーム理論」があるの？

● ゲーム理論は市場で企業が行なっていることと同じ

市場の失敗や市場の外部性は、ミクロ経済学（☞154ページ）の分野の考え方です。同じくミクロ経済学に、「**ゲーム理論**」と呼ばれる分野があります。

アメリカの原子爆弾開発にも関わった数学者フォン・ノイマンが、経済学者オスカー・モルゲンシュテルンの協力で書いた本『ゲームの理論と経済行動』から始まった分野で、ゲーム理論という名前もこの本のタイトルが由来です。

ゲーム理論では、意思決定をする主体を「プレーヤー」、選択できる手段を「戦略」と呼び、プレーヤーは相手の戦略を予測したうえで、自分の戦略を選択します。

このように、相手の戦略を予測したうえで自分の戦略を選択することは、市場で、企業が毎日のように行なっていることにほかなりません。

ですからゲーム理論は、ミクロ経済学の分野なのです。

● ペイ・オフが最大になる戦略が最適の戦略

プレーヤーは、何を基準に戦略を選択するのでしょうか？　プレーヤーが、ある戦略を選択した結果、得られる利益を「**ペイ・オフ**」とか「利得」といいます。

このペイ・オフが最大になる戦略が、プレーヤーにとって最適の戦略です。

ペイ・オフを比較するためには「利得表」「ペイ・オフ表」という表を書きます。

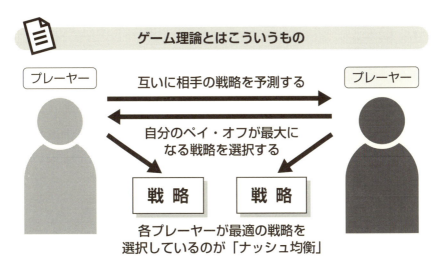

→ 各プレーヤーが最適の戦略を選択している状態とは

　ゲーム理論では、プレーヤーは相手の戦略を予測したうえで自分の戦略を選択しますが、互いに相手の戦略を予測したうえで、各プレーヤーが最適の戦略を選択している状態を「**ナッシュ均衡**」といいます。アメリカの数学者ジョン・ナッシュにちなんだ名前です。

　つまり、予測する相手の戦略に対して、自分の戦略のペイ・オフが最大になっている、しかも各プレーヤーがそうなっている状態がナッシュ均衡なのです。

　以上がゲーム理論の概略ですが、これだけではどういうものかわからないかもしれませんね。そこで、ゲーム理論の有名な例である「囚人のジレンマ」という話をご紹介しましょう。

　この話で、ペイ・オフやナッシュ均衡、さらにナッシュ均衡が実は最適の選択とは限らないことがわかります（☞次項に続く）。

73

ゲーム理論で有名な「囚人のジレンマ」って何?

▶ 囚人Aのペイ・オフ表を書いてみると

「囚人のジレンマ」では、共犯のAとB、2人の囚人と検事が登場します。そして検事は、囚人Aに対して次のような司法取引をもちかけるのです。

「2人とも黙秘を続けても、それぞれ懲役3年は確実だ。だが、囚人Aが囚人Bを裏切って自白すれば、囚人Aは懲役1年にしてやる。その場合、囚人Bは懲役10年だ。もし2人とも自白したら、それぞれ懲役6年だ。囚人Bにも、同じ話をしている」

この場合、ペイ・オフは懲役期間の短さということになります。ペイ・オフ表を書いてみると、右のとおりです。

このペイ・オフ表を見ると、2人合計して懲役期間が最も短いのは、2人とも黙秘を続けた場合の6年です。もし2人が相談できて、互いに信用できたら、これを選択したかもしれません。

しかし、2人は別々に収監されていて、相談することができないのです。できたとしても、相手の言うことが信用できるか、疑心暗鬼になることでしょう。

結局、囚人Aはひとりで考えて戦略を決めるしかありません。

▶ ナッシュ均衡が最適の選択とは限らない

この場合、囚人Bが黙秘を続けた場合と、裏切った場合に分けて考えるのが普通です。囚人Aは、次のように考えます。

「囚人Bが黙秘を続けた場合、自分も黙秘を続ければ懲役3年、自分が裏切れば懲役1年、裏切ったほうがトクだ」

「次に囚人Bが裏切った場合、自分が黙秘を続ければ懲役10年、

ペイ・オフはこれを書けばわかる

囚人AとBの ペイ・オフ表

		囚人A	
		黙秘（協調）	裏切り（非協調）
囚人B	黙秘	A 3年 / B 3年	A 1年 / B 10年
	裏切り	A 10年 / B 1年	A 6年 / B 6年

> **Point**
>
> これを見て囚人Aは自分のペイ・オフが
> 最も大きくなる戦略を選択したのですが…

自分も裏切れば懲役6年、やっぱり裏切ったほうがトクだ」

　一方、同じ話を聞いている囚人Bも、まったく同じことを考えます。こうして2人は、合理的な選択の結果として「裏切り（非協調）、裏切り（非協調）」という戦略を選択するのです。これはナッシュ均衡ですが、客観的に見て最適の戦略ではありません。

　2人合計して12年という、最も長い懲役期間を選択したことになるからです。自分のペイ・オフが最も大きくなる戦略を選択した結果、2人合わせて最もペイ・オフが小さくなるというジレンマにおちいったのです。

　これが囚人のジレンマという話です。ペイ・オフやナッシュ均衡のこと、またナッシュ均衡が客観的に見て最適の選択とは限らないことがわかるでしょう。経済学は、こんなことも研究しているんだという、理解の一助になれば幸いです。

知っとコラム ⑦ 「レッセ・フェール！」と「夜警国家」

【レッセ・フェール！】

アダム・スミスのことばで、いちばん有名なのは「神の見えざる手」でしょうが、実はもうひとつ、有名なことばがあります。

それは「**レッセ・フェール！**」。フランス語（Laissez-faire!）で、意味は「なすに任せよ！」。つまり、（市場の）自由に任せなさい、政府は経済活動に干渉すべきでない、ということです。

神の見えざる手より、市場メカニズムを重視する立場が鮮明ですね。日本語では「自由放任主義」などと訳されています。

【夜警国家】

この自由放任主義で国をつくるとどうなるか、それをあらわすのが「**夜警国家**」です。

夜間の警備員のように、国は最小限の役割だけ果たせばよいというわけです。具体的には、外敵の侵入阻止、国内の治安維持、私有財産の保護などになるでしょうか。

夜警国家という用語は当初、小さな政府（☞162ページ）に対する批判的な意味で使われましたが、現在では自由主義の国家観を端的にあらわすものとして、よく使われています。

さくいん

英字

- ＡＤＢ ……… 118
- ＡＦＴＡ ……… 76
- ＡＩＩＢ ……… 118
- ＡＰＥＣ ……… 76
- ＡＳＥＡＮ ……… 76
- ＣＩ ……… 51、52
- ＤＩ ……… 52
- ＥＣＢ ……… 143
- ＥＰＡ ……… 77
- ＦＲＢ連邦準備制度理事会 ……… 142
- ＦＲＳ ……… 143
- ＦＴＡ ……… 76
- ＦＴＡＡＰ ……… 76
- Ｇ７ ……… 116
- Ｇ10 ……… 117
- Ｇ20 ……… 116
- ＧＡＢ ……… 86
- ＧＡＴＴ ……… 74
- ＧＤＥ ……… 38
- ＧＤＩ ……… 38
- ＧＤＰ ……… 14、36、40
- ＧＤＰ速報 ……… 15、58
- ＧＤＰデフレーター ……… 100
- ＧＤＰの三面等価の原則 ……… 44
- ＧＮＰ ……… 41
- ＩＭＦ ……… 86
- ＩＭＦ協定 ……… 86
- ＮＡＢ ……… 87
- ＮＡＦＴＡ ……… 76
- ＱＥ ……… 58
- ＲＣＥＰ ……… 77
- ＳＮＡ ……… 38
- ＴＯＰＩＸ ……… 57
- ＴＰＰ ……… 77
- ＷＴＯ ……… 74
- ＷＴＯ協定 ……… 74

あ

- アジアインフラ投資銀行 ……… 118
- アジア開発銀行 ……… 118
- アジア通貨危機 ……… 150
- いざなぎ景気 ……… 64
- いざなみ景気 ……… 64
- 岩戸景気 ……… 64
- インカム・ゲイン ……… 62
- インフレ ……… 90
- インフレ・ターゲット ……… 98
- インフレ率 ……… 100
- 失われた10年 ……… 64
- 失われた20年 ……… 65
- 売りオペ（レーション） ……… 138
- 円高・円安 ……… 80
- 欧州中央銀行 ……… 143
- 大きな政府 ……… 162
- オプション取引 ……… 106
- オペレーション ……… 138

か

- 買いオペ（レーション） ……… 138
- 外貨準備 ……… 84
- 外国為替（相場） ……… 20、80
- 外国為替市場 ……… 21
- 外部経済 ……… 165
- 外部性の内部化 ……… 164
- 外部不経済 ……… 153、164
- 価格効果 ……… 94
- 価格メカニズム ……… 29
- 仮想通貨 ……… 114
- 株価指数 ……… 57
- 株式時価総額 ……… 120
- 貨幣 ……… 34
- 神の見えざる手 ……… 152
- カラ売り ……… 120
- 為替 ……… 20
- 為替介入 ……… 82
- 為替相場 ……… 84

171

為替レート	84	景気変動	60
関税	88	経済	12
間接金融	105	経済安定化機能	145
管理通貨制度	123	経済主体	32
機関投資家	120	経済成長率	14、42
企業所得	42	経済統合	76
企業物価指数	100	経済のグローバル化	88
企業向けサービス価格指数	100	経常収支	70
基軸通貨	84	ケインズ政策	160
基準通貨	84	ゲーム理論	166
基準割引率及び基準貸付利率	134	月例経済報告	50
基礎的財政収支	149	限界革命	156
キャピタル・ゲイン	62	限界効用（逓減の法則）	156
業況判断ＤＩ	51、58	限界消費性向	147
協調介入	66	原資産	106
均衡価格	28	建築循環	61
均衡点	28	公開市場操作	30、134、138
均衡取引量	28	好況	49
近代経済学	154	公共投資	146
金本位制	122	公債金	148
金融	26	合成の誤謬	154
金融緩和	140	公定歩合（操作）	134
金融危機	110	国際金融	26
金融経済	26	国際決済通貨	85
金融収支	72	国際収支	72
金融商品	106	国際収支の恒等式	73
金融政策	30	国際通貨	85
金融政策の独立性	31	国際通貨基金	86
金融派生商品	106	国際分業	78
金融引締め	140	国内総支出	38
金利	24	国内総所得	38
クォータ	86	国内総生産	14、40
グローバリゼーション	88	国民経済	160
グローバル化	88	国民経済計算	38
景気	16、48	国民所得	42
景気回復	48	国民所得の三面等価の原則	44
景気拡大	48	国民総生産	41
景気基準日付	50	コスト・プッシュ・インフレ	90
景気後退	48	固定相場制	20、82
景気指標	50	古典派経済学	152
景気循環	60	雇用者報酬	42
景気循環論	60	コンポジット・インデックス	52
景気動向指数	51、52		
景気の山・景気の谷	50		

さくいん

さ

サービス収支	70
在庫循環	61
財産所得	42
財政収支	148
財政政策	30、144
歳入・歳出	148
先物取引	106
サブプライムローン危機	110
産業の空洞化	78
三面等価の原則	44
シカゴ学派	162
時価総額	120
資金吸収オペレーション	139
資金供給オペレーション	139
資源配分	152
資源配分機能	144
資産効果	56、94
資産デフレ	92
市場経済	28
市場の外部性	164
市場の失敗	153
市場メカニズム	28、152
実質経済成長率	42
実質ＧＤＰ	15
実体経済	26
実物経済	26
支払準備制度	132
四半期別ＧＤＰ速報	51、58
資本移転等収支	72
社会主義計画経済	28
社会主義市場経済	28
囚人のジレンマ	168
従属人口	46
自由貿易	18
自由貿易協定（地域）	76
準備通貨	84
準備預金	132
準備率	132
乗数効果	147
消費者物価指数	100
剰余価値説	155
所得効果	94
所得再分配機能	144
人口オーナス	46
新古典派経済学	158
新自由主義	162
神武景気	64
信用収縮	110
信用乗数	131
信用創造	130
スタグネーション	96
スタグフレーション	96
スミソニアン体制	83
スワップ取引	106
政策金利	134
政策金利残高	135
生産年齢人口	46
セイの法則	158
政府の銀行	124
世界金融危機	111
世界同時不況	111
世界貿易機関	74
絶対優位	18
設備投資循環	61
ゼロ金利政策	140
総需要管理政策	160
ソフト・カレンシー	85

た

第一次所得収支	70
代替効果	94
第二次所得収支	70
短観	51、58
短期金利	25
小さな政府	162
中央銀行	142
長期金利	24
直接金融	105
通貨	34
通貨危機	109
ディフュージョン・インデックス	52
デフォルト	86
デフレ	92
デフレ・スパイラル	93
デマンド・プル・インフレ	90
デリバティブ	106

173

東証株価指数	57	ヘッジファンド	108
ドル・ペッグ制	150	変動相場制	20、82
		貿易	68
な		貿易赤字	68
内国為替	20	貿易収支	68、70
ナッシュ均衡	167	保護貿易	18
南北問題	78	ポンド危機	109
ニクソン・ショック	83		
日欧EPA	77	**ま**	
日銀	124	マイナス金利	135
日銀短観	58	マクロ経済学	154
日銀特融	125	マネー経済	26
日銀ネット	124	マネーサプライ	127
日経225	57	マネーストック	127
日経平均株価	57	マネーストック統計	126
日本銀行法	142	マネタリーベース	128
		マネタリズム	162
は		マルクス経済学	155
ハード・カレンシー	85	ミクロ経済学	154
ハイパー・インフレ	90	無担保コールレート	134、136
ハイパワード・マネー	129	名目経済成長率	42
発券銀行	124	名目GDP	15
バブル景気	62		
バブル経済	63	**や**	
比較優位の原理	18	夜警国家	170
ピグー効果	94	有効需要の原理	158
ピグー税	165	ユーロ危機	111
1人当たりGDP	14	ユーロ圏	85
フィンテック	112	預金準備率	132
付加価値	40	預金準備率操作	133
不況	49		
福祉国家	161	**ら**	
双子の赤字	70	ラウンド	75
物価	22	ラスト・ベルト	79
物価指数	100	リーマン・ショック	110
物価上昇率	100	リフレ（ーション）	102
プライマリー・バランス	149	利回り	104
プラザ合意	66	量的金融緩和	140
ブラック・ウェンズデー	109	量的・質的金融緩和	141
ブレトンウッズ協定	82	レッセ・フェール！	170
ブロックチェーン	114	連邦準備制度	143
ペイ・オフ	166	労働価値説	155
ベースマネー	129		

遠山眞人（とおやま　まさと）

1960年、愛知県生まれ。東海大学文学部卒業。行政書士、財団法人金融協会認定ターンアラウンドマネージャー。
12年間の建材メーカー役員経験を経て、2013年9月より経営コンサルティングを開始する。2014年4月より遠山行政書士事務所を開業。創業支援・事業継承を中心として、融資関連はもとより補助金・助成金のサポート、フランチャイズ関連のビジネスや民事信託等の相続業務なども行なっている。「融資に強い行政書士」として金融・経済事情にも精通している。
監修書籍に、『図解でわかる金融のしくみ　いちばん最初に読む本』（アニモ出版）がある。

【遠山行政書士事務所】
http://sogyo-toyama.com/

図解でわかる経済の基本　いちばん最初に読む本
2018年10月20日　　初版発行

監修者　　遠山眞人
発行者　　吉溪慎太郎
発行所　　株式会社アニモ出版
　　　　〒162-0832 東京都新宿区岩戸町12 レベッカビル
　　　　TEL 03(5206)8505　FAX 03(6265)0130
　　　　http://www.animo-pub.co.jp/

©M.Toyama 2018　ISBN978-4-89795-218-5
印刷：文昇堂／製本：誠製本　Printed in Japan

落丁・乱丁本は、小社送料負担にてお取り替えいたします。
本書の内容についてのお問い合わせは、書面かFAXにてお願いいたします。

アニモ出版　わかりやすくて・すぐに役立つ実用書

図解でわかる金融のしくみ　いちばん最初に読む本

遠山 眞人 監修　定価 本体 1500円（税別）

金利・為替の基礎知識から仮想通貨・フィンテックの最新技術まで、金融のしくみの基本中の基本を初めての人でも理解できるように、図解を交えてやさしく解説した超・入門書。

図解でわかるフィンテック　いちばん最初に読む本

和田 茂夫 著　定価 本体 1600円（税別）

Finance（金融）＋ Technology（技術）＝「FinTech」の新サービスのしくみ、活用法からビジネス・暮らしへの影響までが、親切な図解とわかりやすい解説でやさしく理解できる本。

図解でわかるIoTビジネス　いちばん最初に読む本

神谷 俊彦 編著　定価 本体 1600円（税別）

IoTの基礎知識や実用化事例から新ビジネスのヒントまで、IoTビジネスの現在と将来が図解入りでやさしく理解できる。疑問に思うこと・知りたいことも本書を読めば大丈夫。

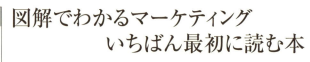

図解でわかるマーケティング　いちばん最初に読む本

野上 眞一 著　定価 本体 1500円（税別）

会社で働く人に必須の基礎知識から、仕事に役立つ分析手法まで、初めての人でもやさしく理解できる超・入門書。本書のマーケティングの知識を身につけておくと必ず役に立つ！

定価には消費税が加算されます。定価変更の場合はご了承ください。